汪精衛與現代中國系列叢書 07

汪精衛

政治論述

文章·演講·書信·電報

書評讚譽

僅只一人的事跡和資料，卻足以讓我們跳脫傳統視野，
對近代中國的歷史經驗得到嶄新的認識。

美國聖邁可學院歷史學系榮譽退休教授　王克文

這套歷史文獻，見證了一個民族主義與和平主義
的信仰者，在天翻地覆的大時代裡，曲折離奇
的救亡經驗。它是認識汪精衛，也是理解這個時代
特質不可或缺的材料。

前東海大學文學院院長　丘為君

非歷史學家左湊右湊的「證據」，它是一手資料，
研究近代史的人都要看這套書不可！

《春秋》雜誌撰稿人、歷史學者　李龍鑣

為華文世界和大中華文化圈的利益計，
這套書值得我們一讀。

著名傳媒人　陶傑

過往對汪精衛的歷史評論，多數淪為政治鬥爭的宣傳工具，
有失真實。汪精衛一生：有才有情，有得有失，
有勇有謀，有功有過。記載任何歷史人物必須正反並陳，
並以《人民史觀》為標準。基此原則，汪精衛的歷史定位，
有必要重新檢視，客觀定論，一切從這套書起。

歷史學者　潘邦正

這套書非常適合歷史研究者閱讀，這無須多言，
更重要的是，書中呈現的不只是政治家
的汪精衛，還是一個活生生的人，有笑、有淚、
有感情、有情趣。

文獻學博士　梁基永

從學術嚴謹的角度來看這套書，
有百分之二百的價值。

東華大學歷史學系副教授　許育銘

這套書最重要的意義在於讓一個歷史人物可以
在應該有的位置，讓他的著作可以被重視、被閱讀、
被理解，讓我們更貼近歷史，還原真相。

國立臺灣師範大學歷史學系教授　陳登武

研究汪精衛不可或缺的資料！

三聯書店出版經理　梁偉基

這六冊巨著是研究汪精衛近年來罕見的重要
史料，還原了一個真的汪精衛。

《亞洲週刊》記者　黃宇翔

這套書為我們提供了研究汪精衛的珍貴資料，
包括自傳草稿、私人書信、政治論述、
詩詞手稿、生活點滴、至親回憶等，其中有不少是從未
面世的。閱讀這套書可以讓我們確切瞭解他的人生態度、
感情世界、政治思想、詩詞造詣，
從而重新認識他的本來面目。

珠海學院文學與社會科學院院長　鄧昭祺

不管對有年紀或是年輕的人來說，
閱讀這套書都是很好的吸收與體會。

時報文化董事長　趙政岷

汪精衛與現代中國系列叢書 07

汪精衛

政治論述

文章・演講・書信・電報

匯校本
下
1939-1944

八荒圖書
EIGHT
CORNERS
BOOKS

汪精衛與現代中國系列叢書 07

汪精衛
政治論述 匯校本 下
文章·演講·書信·電報 1939-1944

Wang Jingwei's Political Discourse —
Newly Compiled and Revised Edition, Volume III

國家圖書館出版品預行編目(CIP)資料

汪精衛政治論述匯校本：文章.演講.書信.電報 / 汪精
　衛作；何孟恆彙編. -- 新北市：華漢電腦排版有限
　公司, 2023.09
　　面；　公分. -- (汪精衛與現代中國系列叢書；7)
　ISBN 978-626-97742-2-7 (全套：平裝)

1.CST: 汪精衛 2.CST: 學術思想 3.CST: 政治思想
4.CST: 文集

570.92　　　　　　　　　　　　　　112014310

作　　　者 ― 汪精衛

彙　　　編 ― 何孟恆

執 行 主 編 ― 何重嘉

編　　　輯 ― 朱安培、李耀章

設 計 製 作 ― 八荒製作 EIGHT CORNERS PRODUCTIONS, LLC

台 灣 出 版 ― 華漢電腦排版有限公司

地　　　址 ― 新北市板橋區明德街一巷12號二樓

電　　　話 ― 02-29656730

傳　　　真 ― 02-29656776

電 子 信 箱 ― huahan.huahan@msa.hinet.net

出版年月：2023年9月2日

ISBN ： 978-626-97742-2-7

定價：NT$1800（三冊不分售）

本著作台灣地區繁體中文版，由八荒圖書授權華漢電腦排版有限公司獨家出版。

代理經銷：白象文化事業有限公司

地址：401 台中市東區和平街228巷44號

電話：04-22208589

汪精衛紀念託管會獻給何孟恆與汪文惺

下冊目錄

政治論述

六：河內暗殺事件 （一九三九年）

七：從和平運動到組織政府 （一九三九至一九四〇年）

八：「和平反共建國」（一九四〇至一九四三年）

九：尾聲（一九四四年）

書目表

鳴謝

前言

我的革命決心，固然始終沒有改變；
而我對人對事的態度卻不免時有改變。
但所以改變的理由，我無不講出來。
至於理由的對不對，
則我願接受現在和後人的評論。

—汪精衛

引言｜何孟恆

————◆————

汪精衛早歲追隨孫中山先生參加中國國民革命，為中華民國建立者之一。中山先生逝世後，汪氏即膺重責，為第一任國民政府主席。一九三二至三五年一段非常時期，汪氏歷任總揆，一九三五年十一月，遭政治暗殺，不遂，仍繼續參預政府最高決策，並為國民黨反專制反軍閥的一羣人的中心。蘆溝橋事變，中日發生戰爭，汪氏認為中國抗戰無望，因而提倡對日和平，更於太平洋戰爭中與日本合作。一九四四年，舊創復發，赴日就醫，十一月，病逝名古屋。他的一生與民國歷史不可分離，而他的最後一個階段卻最為世人所詬病。

究竟當時事實真相如何，詳情仍然有待史家細心的發掘和嚴正的剖析。提起中國現代歷史，就不能夠撇開推翻滿清的革命運動，因此也不能無視於革命黨人中之一的汪精衛。要研究民國成立後到中日戰爭，以至其後中國共產黨取得政權這一段的史實，也就不能無視於一直是國民黨中堅分子之一的汪精衛。他的一生，為功為過，將來自有讞論，其人其事是不能一筆抹殺的。

有關上述的一段過程，離開現時雖然還不算久遠，但為避免事實湮沒，保存歷史完整，現在着手搜集資料，已經是時候了。

汪氏在他的〈自述〉裏說過，拿生平的演講和論說當做自傳是最真實的。雖然，自己的著述有時未必就是研究他本人的全部資料；不過以他自己的政治論述來追尋他的思路，印證他的事迹，這道路方向是對的。希望這一分年表能成為這宗研究工作的一片基石。

原載何孟恆《汪精衛先生政治論述年表》

•

何孟恆，本名何文傑，筆名江芙，廣東中山人，妻汪文惺是汪精衛的長女。南京國民政府期間擔任陳璧君的秘書；抗戰後在老虎橋監獄待了兩年半；及後與妻女赴港，並進入香港大學植物系任實驗室主任；二〇一〇年與妻子創辦了汪精衛紀念託管會。是次系列得以出版，有賴何孟恆書寫、謄抄、分析、研究及整理的資料，其著作還有汪精衛紀念託管會編、時報文化出版的《何孟恆雲煙散憶》以及《汪精衛生平與理念》。

序｜許育銘

————————◆————————

　　相當榮幸應汪精衛紀念託管會的邀約，為本書寫一篇序言。本人從事汪精衛研究雖然有一段時間，但是仍覺能力嚴重不足，能見到本書的出版，感到內心一陣期待甚久的喜悅。現今對於汪精衛在現代中國的歷史地位問題，其實有很多不同的聲音。在早期的國民黨史觀及共產黨史觀下，強調革命與民族主義的時代，線性化的歷史敘述形成過程中，汪精衛被打成反面歷史人物。但此類的看法，很早就受到西方史學界的質疑，更提出不同的看法，從詞彙的否定性走向中性用法，但是至今仍未形成共識的用法。另一方面，隨着時間的演進，「中華民國在台灣」時期的年數，已經遠遠超過「中華民國在大陸」時期的年數。時間慢慢地沖淡歷史記憶，國民黨史觀的合理性也隨着逐漸崩潰，蔣介石所受的批判甚至超過汪精衛，所以現今海峽兩岸對汪精衛評價的差距逐漸變大，用所謂的多元說法，取代未有定性。

　　恩師蔣永敬先生前不久才過世，本人之所以從事汪精衛研究受恩師影響甚大。恩師最喜歡將國民黨史中的胡漢民、汪精衛、蔣介石三人做比較，即便他的遺著《多難興邦》一書，也是在談這三個歷史人物在一九二五年到一九三六年期間的分分合合，附錄還有一篇簡短中肯的〈汪精衛傳〉，值得一般讀者參考。恩師在書中結論提到，汪精衛的歷史評價，雖然不及蔣、胡，但汪在國難期間，「對日一面交涉、一面抵抗政策，以外交掩護軍事，配合蔣以剿共掃除地方軍人割據，取得對日備戰及建設時機。汪氏之功，不可沒也。」這樣的評價可謂極為客觀，也推翻了一成不變的蓋棺論定，歷史人物在不同時期的表現可以作不同的評價。同樣地，同一時期的正反不同的評價或看法，吾人亦皆應納入客觀研究的視野內。

周作人曾經説汪氏其精神，臨難不苟，大義所在，勇往弗蹶，正如佛氏之拾身飼餓虎，悲天憫人與生俱來，不惜以一身而救天下，乃今世之「菩薩行」。周氏之言，過譽甚矣，但是代表當時人的另一種看法。追隨汪氏或認同汪氏行動的人，來來往往很多，汪還曾被稱作過「改組派」的精神領袖，而汪氏這領導者的政治基礎正是他所寫的政論為人們所相信的理由。另一方面，吾等從諸多歷史研究或歷史敍述文本中，可以看出一個關於如何論述汪精衛在基本上的盲點，那就是常常以他人或同時代人的論述或批評來觀察汪氏，往往不是從汪氏的自身出發來看待。我們可以簡單地回到自我與他者的問題。如果要從汪氏的自我出發，自然是看其言行，汪氏本人的言説與政論便是最基本的東西。但是以往關於汪氏的言説與政論並未有系統整理，或取得不易，因此説要貼近汪氏來作觀察，很明顯產生頗大的距離。所以，本書很大的一個貢獻，便是大幅地縮短了現代人認識汪精衛的距離，提供了對汪精衛政治地位形塑過程與汪精衛派系團體追隨者意識型態的討論研究基礎。

本書收集的汪精衛的政論文章，多曾已公開發表，來源來自民國時期當時的出版品如《汪精衛先生文選初集》、《汪精衛言行錄》等等，再加上期刊報紙刊載者，如一般罕見的《中華日報》、《南華日報》等。何孟恆先生及何重嘉女士極為有心，也花費許多的工夫，先收集這些資料再加以整理。其實還有很多散佚不可得，有些政論文章的原稿，甚至還保存在國民黨黨史館等史料收藏機構，閱覽時還可以看到許多汪氏親筆與修改的痕跡。當然還有許多未曾公開或不允公開的汪氏史料，仍舊靜靜躺在檔案館中，等待在歷史長河中擺渡的機會。

史料本身的背後也常常隱藏許多的故事。例如汪精衛行刺清攝政王一事，是汪精衛成名事蹟之一。當時與汪榮寶、何震彝、翁之潤合稱「江南四公子」之一的楊圻（雲史），是當時在北京享負盛名的學者。曾謂汪精衛的庚戌一役，是心中但有民族兩字，忘一己為何物，如同興漢三傑之一的張子房，「雖一擊不中，而氣包寰宇，天下欽仰，是大勇也。」汪當時抱必死之心，在

清廷詢問中，歷述一篇長數千言的供詞，以表明自己的革命意志。但是當時口供並未流出，外界傳誦甚久的是汪在獄中的賦詩，「慷慨歌燕市，從容作楚囚。引刀成一快，不負少年頭。留得心魂在，殘軀付劫灰。青磷光不滅，夜夜照燕台。」因此在民國成立之後，此口供自然成為罕見的珍貴文獻，但是當時都認為口供散失無存，所以很多不同時期出版的汪精衛文集或言論集都沒有收錄。據林柏生所述，供詞有三份，第一份存於民政部，因為肅親王善耆時任民政部尚書，愛惜其人及供詞，特令民政部抄一附件，收藏於私邸，這份口供相傳字跡極為工整。第二份口供存於法部，輾轉歸檔案保管處，後來又運往南京，形成殘篇斷簡，最後失其所在。第三份存於大內乾清宮，即肅清王與司法大臣紹昌合奏之稿，後來案件移入養心殿，一九一五年醇親王擬修清季史略，案件又移至什剎海的攝政王府，其中包括此案的右翼技勇隊報告，提督及法部問供，民政部及法部兩部奏摺，連同硃批皆在其內。一九二四年馮玉祥將溥儀從紫禁城驅走後，醇親王府將大部分物件都運至天津，後來再盡數他運，不知去向。

　　但戲劇性的發展是，後來成為知名藏書家的張伯楨（廣東番禺人），與汪精衛同樣是清末廣東派出的留日學生，因此被認為是與汪氏同年同鄉。張曾參與同盟會活動，後來也寫出許多關於革命活動事蹟的內情，如《同盟會革命史料》、《華興會革命史料》等等。張於一九〇八年回國，受聘為兩廣方言學堂教授。一九一〇年赴北京參加廷試，任法部制勘司主事。因此當辛亥革命發生後，汪氏被清廷釋放出獄，當時在清廷法部工作的張伯楨便成為唯一的迎接者。張伯楨自民國成立直到一九二八年政府機關遷南京為止，始終名列司法部監獄司第一科長之職。張由於任職法部之便，得以接觸卷宗，從法部檔案中錄出汪氏的庚戌被逮供詞，收錄於其所編的滄海叢書第一輯，汪的供詞也是自始海內才有傳本。後來張柏楨之子張江裁，同樣也是藏書家，還曾出任汪政權的監察院秘書，更編著《汪精衛先生庚戌蒙難實錄》與《汪精衛先生行實續錄》，而其中有大量原始資料為學界重視。或許正是這樣的淵源，等到一九八

三年，非常罕見地，大陸第一歷史檔案館在《歷史檔案》發表清末汪兆銘被捕後的供單及有關史料。此供單則是原存第一歷史檔案館軍機處月折包內，係宣紙墨筆書寫，長約三百一十三點五公分，寬約二十點五公分，是清方之過錄，非汪之親筆。但事實上汪的供詞分成兩次，本書據張柏楨的滄海叢書，也都將兩次的供詞收錄，提供讀者更完整的資訊。雖然不能說是再度重見天日，但亦是難得之快舉。

在汪精衛的政治生涯中，有兩段時期不為主流或所謂正統所接受，一是二○年代反蔣運動時期，二是抗戰脫離重慶陣營之後。這兩個時期汪氏的言論主張，想要保存下來自會受到很大的限制。由於汪氏最擅長的便是宣傳，搖筆桿寫文章的功力自同盟會時代開始，便極為厲害。一旦汪氏的政治行動受到打壓，自然地言論主張也會遭到封鎖。因此在這兩個時期之外，如汪蔣合作時期，汪氏的政論文章，可以說隨處可見。相對地，這兩個時期裏關於汪氏的政論文章被封殺的情況很多。一九二九年三月十四日上海的小報《福爾摩斯報》有一小則記事，可以說明這種情況。該記事標題為「字紙簍中之汪精衛宣言」，提到汪精衛、陳公博等國民黨左派中央委員十四人在三月八日聯名發表一關於黨務政治的重要宣言（即本書所收錄的〈關於最近黨務政治宣言〉），此宣言稿有千餘字，於三月十二日由太平洋通信社分送各大報，但由於此宣言抨擊當時的政局與黨務，對國民黨第三次全國代表大會的代表產生方法尤其不滿，結果第二天，沒有一家報紙為之刊載。也因為像類似這樣的情況，後來這兩個時期汪的政論文章公開流傳下來的並不多，尤其是在抗戰汪政權時期的政論文章，更不被國共兩陣營所允許。然而本書則收集許多關於這兩個時期，至今難得一見的政論文章，彌補了時代斷裂，因此本書在重塑對汪精衛研究的一貫性上也做出具體的貢獻，值得肯定。

以往曾有研究者進行汪精衛研究後，所得出的結論是汪氏是一個權力慾望很重的人，其實這樣的結論過於片面，因為「權力慾」與「責任心」有時難以區分，對政治人物而言或許就是一體兩面的問題，不在其位又如何善盡其

責？想要作區分最好還是有所依據，相信本書的出版，定能讓想要瞭解汪精衛真實面目的讀者，透過本書提供的史料，而更具有深入判斷的依據。

●

許育銘，國立政治大學歷史研究所碩士，日本立命館大學文學博士。曾任日本慶應大學地域研究所訪問研究員等，現為國立東華大學歷史學系副教授。專攻近現代中日關係史與民國史。著有《汪兆銘與國民政府一九三一——一九三六年對日問題下的政治變動》等。

編輯前言

———————◆———————

　　《汪精衛政治論述》全三冊匯校本為《汪精衛與現代中國》系列叢書[1]之一，初版早於二〇一九年面世，為了解汪氏生平提供大量一手史料。是次託管會推出匯校印刷版，期望讀者能在當下細味汪氏的思想與心路歷程，或有別趣。

　　初版根基源於何孟恆的工作。何氏曾編撰〈汪精衛‧現代中國〉[2]，按時序記述汪氏一生及諸多汪氏政治寫作、演說等，該文現收錄於系列叢書之《汪精衛生平與理念》中。託管會據何氏一文訂本書目錄，並以方君璧贈予何孟恆十五冊的汪氏著作為基礎，輔以何氏收藏的手稿及報章，校訂成《汪精衛政治論述》。

　　初版發行後，託管會繼續搜羅汪氏其他散佚文字，並發現因當時政治、戰爭或編輯等等原因，各種公函、報刊、手稿版本之間有着不少相異與分歧。有見及此，託管會以現存各種材料與初版再作仔細校訂。當中有資料錯誤者，如各版本誤植「庫爾纏」為「庫肅纏」、「陳名夏」為「陳同夏」；有據其他版本訂正錯誤者，如〈民族的國民（其一）〉中「故聲其罪而懲艾之」誤植為「故聲其罪而懲文之」；有版本不同而需引歷史校正者，如〈國際問題草案〉中，《汪精衛先生的文集》作「中國黃河以北」、《汪精衛文存》作「中國黑河以北」；有版本內容相異而需據文意訂正者，如〈國際問題草案〉中，

———————————————

1《汪精衛與現代中國》由汪精衛紀念託管會編，時報文化出版，系列除了《汪精衛政治論述》外，還有《汪精衛生平與理念》、《汪精衛詩詞新編》、《汪精衛南社詩話》、《獅口虎橋獄中寫作》和《何孟恆雲煙散憶》，首度公開諸多親筆手稿。

2《汪精衛‧現代中國》未曾出版，Worldcat有該文條目，但誤列汪精衛為作者。

《汪精衛先生的文集》作「畢竟也還不少」、《汪精衛文存》作「畢竟也還不多」等。

面對各種版本相異，編輯團隊不敢隨意修改，以免曲解汪氏原意。故先盡力搜尋歷史文件及史料作證，再考汪氏原文及其寫作習慣，最後方就過千條相異開會決議，務求所有校訂客觀持平、任何改動有根有據。再者，汪氏文字中引用、收錄的資料龐雜，以往版本往往羅列其中而未加疏理，本次匯校即就此加以編輯。如〈覆駐法總支部函〉中，汪氏收錄七條甯漢之戰時期的電文，現存版本僅為全錄，標注之日期亦復錯誤。匯校版特按時序重新排列，令讀者更易掌握事態發展及時局脈絡。

匯校本亦非單單「搬字過紙」。汪氏身處的時代，除了千年以來的帝制被推翻外，千年以來的書寫習慣亦煥然一新。由晚清文言、民初白話到後期較成熟書面語，當中的斷句及標點運用都與時下習慣大相逕庭。尤其是民初時代西方標點剛剛被引入，運用方式尚未有一致定論，加上汪氏揮筆直書時往往省卻標點，導致即使同一篇汪氏文章，不同報刊亦有不同處理手法，造成語義混亂。編輯團隊亦特此重新審訂全書的標點斷句，務求在不影響原意的情況下，令讀者的閱讀更為順暢。

汪氏文章旁徵博引，部份引用資料早已散佚、難以考究。編輯團隊已然盡力，不敢說是此匯校已十全十美。惟祈盡善盡美，謹將汪氏的心路歷程披瀝於世，餘者還請匡正。

以下就全書編輯凡例，加以說明：

一、匯校本共分上中下三冊，文章依時間順序排列，並按《汪精衛生平與理念》的標題劃分章節。第一冊由一九〇四至一九二七年，聚焦在汪精衛早期革命到擔任國民政府主席之經歷；第二冊從一九二八到一九三八年，見證南京十年間汪氏工作及其離開重慶；第三冊由一九三九至一九四四年，貫穿汪精衛和平運動到成立政府後的最末時光。

　　二、汪精衛書函、電報按其所寫之日期為準；政治論文按出版日期為準；演講、宣言、廣播、訓詞一律按發表日期為準。

　　三、本次匯校使用多種材料，包括報章、期刊、電文、公函、書籍等，資料出處一律附於每篇文章末處。〈國際問題草案〉、〈最後之心情〉文末另附本書編輯補充。

　　四、本書收錄汪精衛部份文章親筆手稿掃瞄，一律附於每篇文章末處，其原稿部份現藏於胡佛研究所圖書檔案館，何孟恆舊藏十五冊汪氏文集及其整理之工作則存於哥倫比亞大學東亞圖書館。

　　五、為方便閱讀，本書將統一部份生僻異體字，如「礮」轉為「炮」。

　　六、汪氏原有注釋以"（　　）"標示；本書編輯之補充說明及訂定，以"（不同字體）"標示。其他標點據時下用法，不另說明。

　　七、汪氏用語具粵語特色，如以「一曰、一曰、三曰」舉例，其意為「一方面、另一方面、再者」，此類用語一概保留。

　　八、如有手稿存世，文本、斷句當以手稿為準。

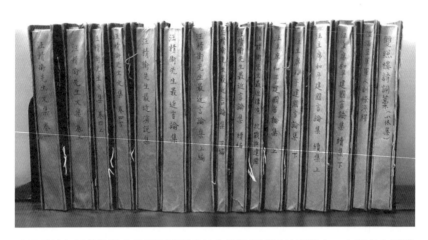

方君璧給何孟恆的這套書是汪精衛政論文集裝訂成冊的影印本，上面有方君璧
的印章，也有何孟恆為校正文章而留下的字跡，是《汪精衛政治論述》資料來
源的基礎，共十五冊，另有一冊為汪精衛詩詞集《雙照樓詩詞藁》。

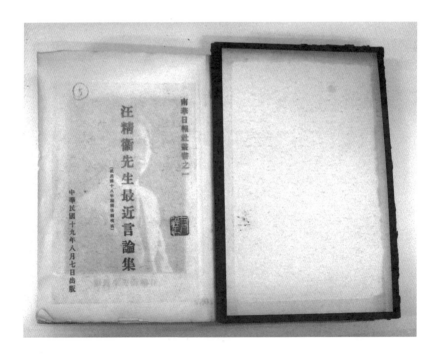

我只會死，絕不會失卻自由。
不但此也，我時時刻刻準備着，
以我的生命，換取同胞的生命；
以我的自由，換取同胞的自由。

—汪精衛
本冊頁465–469

政治論述

六：河內暗殺事件
（一九三九年）

答問

一九三九年一月三十日

問：汪先生為什麼首倡和議？

答：宣戰、講和，是國家的大權。國家以保衛其生存獨立為目的，戰而可達此目的則戰，和而可達此目的則和。今人一言主戰，即便附和，雖戰敗而不認敗；一聞議和，即便搖頭，縱可和亦不和。實在無從索解。

問：此時議和是否搖惑人心、撓動軍心？

答：我以為闡明目的，正所以鎮定人心、振奮軍心。例如今人說「抗日就是一切」，那麼，抗日是目的了。然則為什麼抗日呢？是為保衛國家之生存獨立。可見保衛國家之生存獨立是目的，抗日不過是手段。前年七月為什麼主張抗戰呢？為的是不如此不能保衛國家之生存獨立。如今為什麼主張議和呢？為的是如此纔可以保衛國家之生存獨立。目的闡明之後，抗戰固有其理想而忠勇奮發，議和亦有其標準而審慎沈着。何至搖惑人心、撓動軍心？反之，說「抗日就是一切」纔真是搖惑與撓動。因為如此說法，會使人不知道抗日之目的是什麼。於是有人說「抗日為的是統一」，所以要劃除異己的力量；又有人說「抗日為的是國共合作」，所以要肅清反共的派別。試問這種黨派紛爭的言行，是不是搖惑與撓動？

問：難道如〈艷電〉所說，無損於國家之生存獨立麼？

答：我認為無損。

問：須知〈艷電〉所說，範圍廣漠。

答：〈艷電〉所說，只是原則。根據原則，進行談判，方纔能得到具體條件，不致廣漠。

問：共產黨人為什麼反對呢？

答：共產黨人所以反對，第一因為中日戰事一日不息，蘇聯一日安枕無憂。為的使蘇聯安枕無憂，應該使中日戰事一直的打下去。第二因為戰事延長，中國國民愈窮、財愈盡，共產黨人愈有所憑藉。

問：其他人的反對呢？

答：據我看來，其中有一理由，就是不相信日本。他們以為日本除了滅亡中國沒有第二條路，所以我們除了抗戰沒有第二條路。他們有了這樣的肯定，所以聽見議和，以為危險。究竟日本是否除了滅亡中國沒有第二條路呢？這不只要看日本，並要看我們自己。一年零七個月的抗戰，我們自己已證明了中國不是可以滅亡。然而這還不夠，我們還要指示出來，日本除了滅亡中國還有第二條路，並且必須走這第二條路。這第二條路是什麼？是中日合作。所謂中日合作，即以善鄰防共、經濟合作為基礎，彼此互相尊重；各自瞭解其所需要，而又互相瞭解其所需要；站在平等的地位，以謀互助。如能如此，則歷年以來之仇恨始可掃除，而現在之懷疑亦可冰釋。這不但與東亞之和平有關，而且與世界之和平亦有關，這第二條路是中日雙方所應共同致力的。日本如果不選擇這第二條路，日本必陷於絕大的困難；中國如果不選擇這第二條路，中國將無以保其生存獨立而進為現代的國家。

出處：

- 南京國民政府宣傳部編，《汪主席和平建國言論集》上卷（南京：國民政府宣傳部，1940年），頁7–10。
- 中央電訊出版委員會編，《汪主席和平建國言論選集》（南京：中央電訊出版委員會，1944年），頁6–7。

致日本近衛公爵函（一）

一九三九年二月四日

近衛公爵閣下：

　　去歲十一月三日，讀閣下關於時局之高論，感兩國前途得好轉之機。及十二月二十二日，復讀閣下之鄭重闡明，深以為解決兩國當前糾紛、樹立東亞永久和平，於此已得其基礎。兆銘前此數年承乏行政、日夜彷徨，求所以挽回劫運之道。及前歲七月以後，兩國竟不幸至兵連禍結，尤所痛心。今者得閣下熱誠熱烈之表示，兩國有志之士，庶幾有共同致力之途徑矣。敝國目前最感迫切需要者，為必須有統一而健全之政府，而此政府尤必須能與貴國立於平等之地位。如此，始能得全國人民之了解與信任，向共同目的而共同致力。倘敝國以內無統一而健全之政府，則各個破碎離立，無擔負責任之能力；倘此政府對於貴國為從屬之關係，則此政府根本失其存在之意義。兆銘深知敝國人民實無與貴國為敵之意，惟皆以為友則存、為奴則亡；與其為奴，不如舉國同歸於盡。此種苦心與決志，如能得事實之解釋，使敝國人民知兩國友好非無其道，則兆銘深信，從此必能解決兩國當前糾紛、樹立東亞永久和平。此當披瀝為閣下告者也。茲謹托同志高宗武君晉謁台階，深致敬意，並布愚衷。尚祈惠而教之，是所至荷。專此。

　　敬請

勛安

汪兆銘謹啟
二月四日

〰

出處：

● 汪精衛，〈致日本近衛公爵函（一）〉，《檔案與歷史》第二期（1998年），頁46。

舉一個例

一九三九年三月二十七日

　　曾仲鳴先生彌留的時候，有鄭重而簡單的兩句話「國事有汪先生，家事有吾妻，我沒有什麼不放心的。」曾先生對於國事的主張與我相同，因為主張相同，常在一處，所以此次不免於死。曾先生之死，為國而死、為對於國事的主張而死。他臨死的時候，因為對於國事尚有主張相同的我在，引為放心。我一息尚存，為着安慰我臨死的朋友，為着安慰我所念念不忘他、他所念念不忘我的朋友，我已經應該更盡其最大的努力，以期主張的實現。何況這主張的實現，是國家民族生存所繫。

　　我因發表〈艷電〉被目為主和，主和是我對於國事的主張了。這是我一人的主張麼？不是！是最高機關經過討論而共同決定的主張，這話有證據沒有呢？證據何止千百。今日舉一個例罷。

國防最高會議第五十四次常務委員會議

時間：二十六年十二月六日上午九時

地址：漢口中央銀行

出席：于右任、居正、孔祥熙、何應欽

列席：陳果夫、陳布雷、徐堪、徐謨、翁文灝、邵力子、陳立夫、董顯光

主席：汪副主席

秘書長：張羣

秘書主任：曾仲鳴

徐次長謨報告：

德國駐華大使陶德曼，於上月二十八號，接得德國政府訓令，來見孔院長；二十九號上午，又見王部長[3]。據稱「彼奉政府訓令云：德國駐日大使，在東京曾與日本陸軍、外務兩大臣談話，探詢日本是否想結束現在局勢。並問日本政府欲結束現在局勢，是在何種條件之下，方能結束。日本政府遂提出條件數項，囑德國轉達中國當局。其條件為

（一）內蒙自治；

（二）華北不駐兵區域須擴大，但華北行政權仍全部屬於中央，惟希望將來勿派仇日之人物為華北之最高首領。現在能結束便如此做法，若將來華北有新政權之成立，應任其存在。但截至今日止，日方尚無在華北設立新政權之意。至於目前正在談判中之礦產開發，仍繼續辦理；

（三）上海停戰區域須擴大。至於如何擴大，日本未提及，但上海行政權仍舊；

（四）對於排日問題。此問題希望照去年張羣部長與川樾所表示之態度做去，詳細辦法，係技術問題；

（五）防共問題。日方希望對此問題有相當辦法；

（六）關稅改善問題；

（七）中國政府要尊重外人在中國之權利」云云。

陶大使見孔院長、王部長後，表示希望可以往見蔣委員長，遂即去電請示。蔣委員長立即覆請陶大使前往一談，本人乃於三十日陪陶大使同往

---

3 王寵惠

南京。在船中與陶大使私人談話，陶大使謂「中國抵抗日本至今，已表示出抗戰精神，如今已到結束的時機。」歐戰時，德國本有好幾次好機會可以講和，但終自信自己力量、不肯講和。直至凡爾賽條約簽訂的時候，任人提出條件，德國不能不接受。陶大使又引希特勒意見，希望中國考慮；並謂在彼看日本之條件，並不苛刻。

十二月二日抵京，本人先見蔣委員長。蔣委員長對本人所述，加以考慮後，謂要與在京各高級將領一商。下午四時又去，在座者已有顧墨三、白健生、唐孟瀟、徐次辰，蔣委員長叫本人報告德大使來京的任務。本人報告後，各人就問：「有否傍的條件？有否限制我國的軍備？」本人答稱：「據德大使所說，只是現在所提出的條件，並無其他別的附件。如能答應，便可停戰。」蔣委員長先問孟瀟的意見，唐未即答。又問健生有何意見，白謂：「只是如此條件，那麼為何打仗？」本人答：「陶大使所提者只是此數項條件。」蔣委員長又問：「次辰有何意見」，徐答：「只是如此條件，可以答應。」又問墨三，顧答：「可以答應。」再問孟瀟，唐亦稱：「贊同各人意見。」蔣委員長遂表示（一）德之調停，不應拒絕，並謂如此尚不算是亡國條件；（二）華北政權要保存。

下午五時，德大使見蔣委員長，本人在旁擔任翻譯。德大使對蔣委員長所說，與在漢口對孔院長、王部長所說的相同。但加一句，謂如現在不答應，戰事再進行下去，將來之條件，恐非如此。蔣委員長表示：

（一）對日不敢相信。日本對條約可撕破，說話可以不算數；但對德是好友。德如此出力調停，因為相信德國及感謝德國調停之好意，可以將各項條件作為談判之基礎及範圍。

但尚有兩點，須請陶大使報告德國政府：

（一）關於我國與日談判中，德國要始終為調停者。就是說，德國須任調人到底；

（二）華北行政主權，須維持到底。在此範圍內，可以將此條件作為談判之基礎。惟日本不可自視為戰勝國，以為此條件乃是哀的美敦書。

德大使乃問：「可否加一句？」

蔣委員長說：「可以。」

德大使說：「在談判中，中國政府宜採取忍讓態度。」

蔣委員長云：「兩方是一樣的。」

蔣委員長又謂：「在戰爭如此緊急中，無法調停、進行談判。希望德國向日本表示先行停戰。」

陶大使稱：「蔣委員長所提兩點，可以代為轉達。如德國願居中調停、而日本亦願意者，可由希特勒元首，提出中日兩方先行停戰。」

蔣委員長說：「如日本自視為戰勝國，並先作宣傳，以為中國已承認各項條件，則不能再談判下去。」

在歸途中，陶大使表示，以為此次之談話，有希望。及京時，陶大使並對蔣委員長說「此項條件，並非哀的美敦書」；陶大使在船中，即去電東京及柏林。但至今尚未有回覆，此後發展如何，尚不可知。

　　附註一　國防最高會議主席是蔣中正，副主席是汪兆銘。當時國府表面上由南京遷往重慶，實際上在武漢辦公。蔣主席因軍事指揮，留在南京。故國防會議，由汪副主席代理主席。

　　附註二　外交部長王寵惠亦為常務委員之一，是日因感冒請假，故由次長徐謨列席。且徐次長新偕德大使由南京回，亦有列席報告之必要。

附註三　徐次長報告所説，墨三，是顧祝同；健生，是白崇禧；孟瀟，是唐生智；次辰，是徐永昌。

看了以上的報告，則我在去年十二月二十八日致國防最高會議函中所説：「猶憶去歲十二月初南京尚未陷落之際，德大使前赴南京謁蔣先生。所述日方條件，不如此明劃，且較此為苛。蔣先生體念大局，曾毅然許諾，以之為和平談判之基礎。」其內容具如此。

此外還有證據沒有呢？何止千百！但其性質尚未過去，為國家利害計，有嚴守秘密之必要。而德大使調停之事，則已成過去，故不妨舉出來作一個例。

於此，便會發生以下三個疑問：

第一、德大使當時所説，與近衛內閣去年十二月二十二日聲明相比較，德大使所説可以為和平談判之基礎，何以「近衛聲明」不可以為談判之基礎？

第二、當德大使奔走調停時，南京尚未陷落，已經認為和平談判可以進行。何以當「近衛聲明」時，南京、濟南、徐州、開封、安慶、九江、廣州、武漢均已相繼陷落，長沙則尚未陷落而自己先已燒個精光，和平談判反不可以進行？

第三、當德大使奔走調停時，國防最高會議諸人，無論在南京或在武漢，主張均已相同。何以當「近衛聲明」時，又會主張不同？甚至必將主張不同的人，加以誣蔑？誣蔑不足，還要奪其生命，使之不能為國家效力？

對於以上三個疑問，我不欲答覆。但對於和戰大計，卻不能不再為國民一言。

　　有人說道：「既已主戰，則不應又主和。」此話不通。國家之目的在於生存獨立，和戰不過是達此目的之手段。到不得不戰時，則戰；到可以和時，則和。和之可不可，視其條件而定。條件而妨及國家之生存獨立，則不可和；條件而不妨及國家之生存獨立，則可以和。「如此尚不算是亡國條件」，言猶在耳，試問主和有何不可？

　　有人說道：「中國因抗戰而得到統一，如果主和，則統一之局又歸於分裂。」這話我絕對反對。從古到今，對國家負責任的人，只應該為攘外而安內，絕不應該為安內而攘外。對外戰爭是何等事？卻以之為對內統一之手段！中國是求國家之生存獨立而抗戰，不是求對內統一而抗戰。以抗戰為對內統一手段，我絕對反對。何況今日之事，主和不會妨害統一，而不主和也不會不分裂！

　　有人說道：「如果主和，共產黨立刻搗亂。」我以為共產黨是以搗亂為天性的，主戰也搗亂、主和也搗亂。共產黨的搗亂，如果於主和時表面化，比現時操縱把持、挑撥離間的局面，只有較好、沒有較壞。

　　有人說道：「國際並不盼望我們和。」我以為和與戰是國家民族生存所繫，應該由我們自己決定、立於主動的地位、以運用外交求國際形勢有利於我，決不應該俛仰隨人。何況現時除第三國際外，並沒有其他國家反對我們和。

　　如上所述已經明瞭，還有鄭重聲明的。甲午戰敗之後，有屈辱的講和；庚子戰敗之後，有屈辱的講和。這是說起來就難過的，我不願這一次的講和是如此。普法戰爭之後，法國有屈辱的講和，直至大戰而後吐氣；大戰之後，德國有屈辱的講和，直至今日而後吐氣。這是說起來就得意的，我也不願這一次的講和是如此。因為這樣的循環報復，無有已時，決非長治久安之道。我所誠心誠意以求的，是東亞百年大計。

　　我看透了、並且斷定了，中日兩國，明明白白。戰爭則兩傷，和平則共存。兩國對於和平，只要相與努力，必能奠定東亞長百年治久安之局。不然，只有兩敗俱傷、同歸於盡。這種看法，兩國人都有懷疑的，然而也都有確信的。尤其二十個月的苦戰，日本的消耗，不為不大；中國的犧牲，不為不重。兩敗俱傷、同歸於盡的一條路，與共同生存、共同發達的又一條路，明明白白，擺在面前。兩國有志之士，難道怵於一時之禍福毀譽而徘徊瞻顧，不敢顯然有所取捨嗎？我希望大家本着獨立、不屈不撓的精神幹去。和平建議之第一個犧牲者曾仲鳴先生，已將他自己的血照耀着我們，往共同生存、共同發達之大路而前進。

　　末了，我還有幾句話。當二月中旬，重慶曾派中央委員某君來給我護照，俾我出國。我託他轉致幾句話：

　　其一，我不離重慶，〈艷電〉不能發出。然當此危難之時，離重慶已經很痛心的了，何況離國？我所以願意離國，是表明要主張得蒙採納，個人不成問題。

　　其二、聞得國民政府正在努力促成國際調停，這是可以的。然而，至少國際調停與直接交涉同時並行。如此，則我以在野之身從傍協助，亦不為無補。

　　其三、如果國民政府始終不下決心，任這局面僵下去，我雖離國，也會回來。

　　以上幾句話，定然是構成三月二十一日事變之原因。所可惜者，曾仲鳴先生比我年青，卻齎志以殉，先我而死！

　　我這篇文字發表之後，說不定在什麼時候我會繼曾仲鳴先生而死。我所盼望的，我死之後，國人能留心看看我這篇文字、明瞭我的主張，是中國生存獨立之要道、同時也是世界與東亞長治久安之要道。我的主張，雖暫時不能

為重慶方面所采納；終有一日，為全國人民乃至中日兩國人民所采納，則我可以無憾。

出處：

- 汪精衛，〈舉一個例〉，《時代文選》第二期（1939年），頁3–6。

- 中山樵夫編，《汪兆銘言論集》（東京：三省堂，1939年），頁39–49。

- 南京國民政府宣傳部編，《汪主席和平建國言論集》上卷（南京：國民政府宣傳部，1940年），頁11–20。

舉一個例

曹仲鳴先生淪陷時候有許多而簡單的西句話「國事有汪兆銘先生有

吾妻我沒有什麼不放心的」曹先生對我國事的主張与我相同因為主張

相同所以此次不覺形死當先生之死為國而死為對什國事的主張而

死他臨死的時候因為對什國事尚有主張相同的我在引為敫心我一

息為吾乃看出怎我所能安慰我而己⋯不忘代他

所主⋯不忘到的朋友我己住應該更盡其最大的努力以期⋯弧的實況

何況這主張的實況是國家民族皆在所繫

我因發表艷電被用的主和主和是我對於國事的主張了這是我一

人的主張產不是⋯也是最高機關經過討論而同決定的主張這話有証

據沒有呢譯坡何上午千万今日舉一個倒⋯

國防最高會以第五十四次常務委員會以

時間　二十六年十二月二日上午九时

地点　漢口中央銀行

何孟恆舊藏整份原稿拍攝相片現存哥倫比亞大學東亞圖書館

出席者有佳□孔祥熙、何應欽

列席陸軍部夫陳布雷續傳諜稿文瀾即力子陳立夫董顯光

主席汪副主席

秘書長張群

私書主任曾仲鳴

總次長報告

德國駐華大使陶德曼、於上月二十八日接得德國政府訓令、來見孔院長三十九

※上年之凡王部長據稱「德李政府訓令云、德國駐日大使在東京曾與日李陸等外務

兩大臣談話探詢日李是否想依李現在局勢繼續向日李政府敦結李現在為勢望在

何條件之下、如結束日本政府遞提出條件數項、囑德國精達中國當局、其條件為、

（一）內蒙自治、（二）華北不駐兵、區域須擴大、但靠北行政機仍全部屬於中央州府

請將來多派仇日之人物為華北最高官領、祝在何結束便如此做、要法、若將李華

北方新政擴之感任其者在但戴至今止日方尚更在華北設立新政擴之廣至

前目前已在談判中之滿產開府仍繼續辦理（三）上海停戰區域須擴大、並於如何擴大、

日本未提及但上海行政機仍舊、（四）對於排日問題、此問題希諜照五年張群部長與川

越所表示之態度做去詳細方法係技術問題、（五）防共問題、日妨帝素對此問題有相

擬所表示之態度做去詳細方法係技術問題、

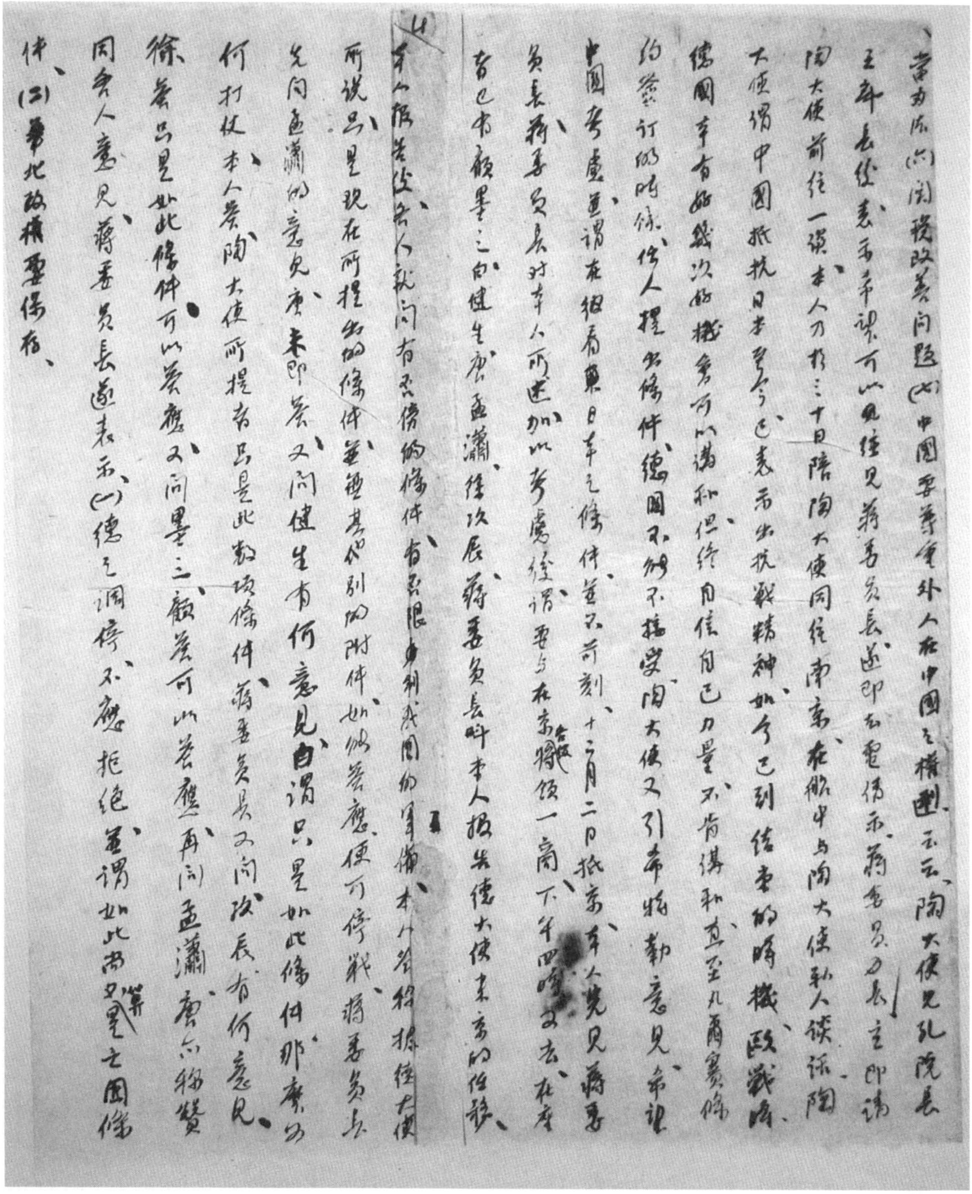

、當由[illegible]院(六)關稅改善問題(七)中國要尊重外人在中國之權利、云云、陶大使見孔院長
王部長後、表示希望可以見蔣委員長、遂即去電傳示、蔣委員長立即請
陶大使前往一談、本人乃於三十日陪陶大使同往南京、在船中與陶大使私人談話、陶
大使謂中國抵抗日本至今、已表示出抗戰精神、如今已到結束的時機、歐戰時
德國本有好幾次的機會可以講和、但總自信自己力量、不肯講和、直至凡爾賽條
約簽訂的時候、德人提出條件、德國不能不接受、陶大使又引希特勒意見、希望
中國考慮、並謂在德看來日本之條件、並不苛刻、十二月二日抵京、本人先見蔣委
員長、蔣委員長對本人所述加以考慮後、謂要與在京各高級將領一商、下午四時又去、在座
者已有顧墨三、白健生、唐孟瀟、徐次長、蔣委員長叫本人報告德大使來京的任務、
本人報告後、各人就問有否[illegible]的條件、有否限制我國的軍備、本人答稱據德大使
所說只是現在所提出的條件、並無其他別的附件、如依答應、便可停戰、蔣委員長
先問孟瀟的意見、唐未即答、又問健生有何意見、白謂只是如此條件、那麼為
何打仗、本人答、陶大使所提者只是此數項條件、蔣委員長又問次長有何意見、
徐答只是如此條件可以答應、又問墨三、顧答可以答應、再問孟瀟、唐亦稱贊
同各人意見、蔣委員長遂表示(一)德之調停不應拒絕、並謂如此尚不算是亡國條
件、(二)華北政權要保存、

下午三時德大使見蔣委員長，本人在傍擔任翻譯，德大使對蔣委員長所說不外

漢口對孔院長王部長前說的相同，但加一句謂現在不勝德軍之事再進行下去殊屬

之條件恐非如此，蔣委員長表示：（一）對日本毀壞信義對陣條件可斷然說決不接受

數但對德星好意如此出力調停固可相信德國及盼謝德國調停之好意可將

蔣委員長作為談判之基礎及範圍但尚有兩點，須請陶大使報告德國政府

（一）關於我國與日談判中，德國要臨終為調停者，就是說德國須任調人到底

（二）華北行政之橫須維持到底，在此範圍內于以將此條件作為談判之基礎惟日本

不肯且視為戰勝國以此條件為是意的表歉步德大使方問可否加一句蔣委

員長說可以德國大使稱在談判中，中國政府宜採取忍讓態度蔣委員長云兩

德國向日本表示先行停戰陶大使稱蔣委員長所提兩點可以代為轉達如

德國做居中進行調停而目本不敢產否由第特勒元首提出中日兩方先行停戰

蔣委員長說如日本月視為戰勝國並先作宣傳以為中國已經求和條件

則不但有談判下去之途徑，陶大使表示以此次之談判張者弟望五高時

陶大使並對蔣委員長說此項條件至非袁的美歉武陶大使在給中即去電東京

不柏林但至今尚未有回覆此此條屬如何尚不方知。

以外還有根據設會光何止千萬但其性質商來通去為國家利害計方歡

守秘密之先手而德大使調停之事卻已成過去故不防聲生來作一個倒

弱此使會發生以下三個疑問

第一德大使當時所說与近衛聲明內閣去年十二月二十二日聲明相比較

德大使所說万以勿和平談判之基礎何以近衛聲明不可以為談判之

基礎

第二當德大使奔走調停時南京尚未陷落已經成為和平談判可以進

行何以當近衛聲明時南京徐州開封安慶九江廣州武漢均

已相繼陷落長沙則召未陷落而自己先已燒個精光和平談判反不

可以進行

第三當德大使奔走調停時國防最高會議諾人無論在南京在武

在武漢主張均已相同何以當近衛聲明時又有主張不同甚至必將

主張不同的人加以誣蟻証據不足還要犧牲其生命使之不能為國家

効力

對於此上三個疑問我～欲答覆但對於和戰大計卻不能不再為國民

一言

有人說導既已主戰則不應又主和此語不通國家之目的在於生存地

_{立於戰不}這是進化目的之手段到不得不戰時則戰到可以和時和之可不可視基條

件而不得不保持而防國家之生存被害則不可和條件而不防及國家之生存被害則

可以和如此尋之第二「國條件」言祇在有試問主和者何不可有人說導之中國固抗

戰而得到統一如果主和則統一之局又歸於分裂焉這話我絕對反對豈到今

對國家員責任的人馬應該為擾外而好内而絕不應該為擾外而擾内戰爭是

何等予卻以之對内統一之手段中國是求國家之生存而抗戰不是求對

内統一而抗戰此抗戰之對内統一手段我絕對反對何况今日之主和不是防實統一

而又主和者又不曾有裂雲，有人說如果主和事等等無之剃搞亂我以為搞亂

是以搞亂為天性的主戰や搞亂主和や搞亂如果於主和時表面

上反說造「國際益不腾不勝識我們如」我以為和与戰是國家民族生存而影響

應該因我們自己決之主祇主動的以佐以運用神外交朮國際形勢祇利扔我

决不應該候仰他人何況現時降外者其代國家及對我們私

如上而觀走巳經明瞭走有鄭重聲明的甲午戰敗之後有屈辱的講和康

子戰呵，後方屈辱的講和這是說起來就難過的我不願這一段的講和是
如此屈辱，戰爭之後法國省屈辱的講和再到大戰結後此氣，大戰之後德
國省屈辱的講和而是今日而後彼此氣這是說起來就得喜的我也不願這
我的講和是如此屈辱這樣的循環根深，免不了有决那長治之安之道我所
一段講和是如此屈辱這樣的循環根深後
纖已破意山我的是束亞百年大計我有遂了並且斷定了中日兩國呵，向一戰爭
到兩傷和平時對新和平之苦在兩國對新和平之勞必然黃之束亞百年長治久也
之扁不然且省兩敗俱傷同歸於盡這種省法而兩國人鄰有悔鍾的然而也鄰有
確信的大基三十個月的長戰日年的消耗不不大中國的犧牲不功不重重
兩敗俱傷同歸於盡的一條路与吾同生存吾同發達的之一條途明，而一概
在面前兩國省之之士班道煤於一時之禍福毀譽而徘徊瞑眩不敢斷然
有所取捨我希望大家看牲之不屑不顧的精神去和平建國之第一概
犧牲者吾佛鳴先生已將伄戶的血肝灑着我們這苦同生存吾同發達
之大路而前進了我迎省幾句讀者二月中旬重慶省派中央事多萬晨
末給我護呢俾我代轉致纖句話吾一我不勝重慶艷毫毫
不納勞出此危難之時難重要已經很痛心的了何况新國我所以願意新國

未給我護呢俾我代轉致纖句話吾一我不勝重慶艷

國聯表明維持現狀祭採納個人及承問題去二開洋國民政府正在努力

侵政國際調停這是可以的並高等國際調停與直接交陽同時並行如

此則我以不野立身從優備相助而非如兩術高三貞如軍國民的新幹瑋

且不決以仕達局南僅下去我純弱國也奇回去以且我句孫之述是横成貞

三十二年事請國而可懼若奇仲鳴先生□我年青即費高以詢先我

而死我以

我這篇文章發表之後说求之在什麼時係我奇從繼蜀仲鳴先生前

七

死我所貽誤的我死之後國人胆萄心看之我達篇文字明瞭我的主張是中

圖生存於世之要道同時八旦世界與東亜長治久安之要道我的主張

雖新府不能勿重慶方面而采納終有一目己全國人民日至中日兩國人

民所采納則我可以無憾

覆華僑某君書

一九三九年三月三十日

某某老兄：

看了你三月十四日的信，感動極了！你的大意，對我的志事，十分相信；而對於我的決策，卻不免懷疑。我感謝你的相信，因此我對於你的懷疑，願意和你說個明白。

如果日本定要滅亡中國，我們除了戰下去，更無他法。如今日本已將和平條件提出來，這些和平條件，既然不能說是亡國條件，那麼我們為什麼不可以言和平？

我們的老朋友陳嘉庚說：「言和平就是漢奸！」為什麼言和平就是漢奸？如此說來，憲法上規定國家有講和的大權，是規定國家有做漢奸的大權了！「忠孝仁愛信義和平」的匾字，其解釋應該是「忠孝仁愛信義漢奸」了！

這些話不必說了，如今且就你所懷疑的說一下罷。你說：「歐洲快要戰起來了，我們何苦於此時和？」歐洲的局面，準備戰爭與避免戰爭兩個錘子，還在上下起落不定。連歐洲的政府當局，也不知道戰爭何時起來，你怎會知道？

還有一層，即使歐洲戰爭果然起來了，那麼，英、法、俄都在汲汲於歐洲戰爭，美國自然也是看得歐洲戰爭比中日戰爭關係更切。那麼，歐洲戰爭只有更分去各國對於中日戰爭的注意，你盼望他做甚？

　　還有一層，近代戰爭，在當事者間莫不想速戰速決。然而兵連禍結，往往不知所期。難道歐洲戰爭延長下去，我們一定要陪着也延長下去？

　　還有一層，即使歐洲戰爭能夠速戰速決，但是勝利屬於何方面，你怎能斷定？

　　還有一層，即使勝利屬於你所斷定的方面，以現在國際關係如此錯綜複雜，各國間的利害衝突，如此變化無常、動蕩不定，你怎能斷定這一方面的勝利必然大有造於我？

　　有些人說：「歐洲戰爭起來，一定是英、法、俄和德、意對壘，美國一定是加入英、法、俄方面，德、意一定是失敗。那麼，英、法、俄、美移得勝之師以向日本，日本一定是除了屈服，只有滅亡。」這樣渺渺茫茫的樂觀論，你難道就要根據之以決定抗戰到底的策略嗎？

　　你又說：「現在我們抗戰一天比一天好」，你何所見而云然？自從抗戰開始以來，人民出錢出力，受盡流離顛沛，沒半句怨言；將士奮勇犧牲，前仆後繼，絕無反顧。這是中華民國的元氣，是中華民國生存獨立之所託。日本之所以提出和平條件，未嘗不是看重這一點，知道中國是不可以滅亡的。此次和平運動如果成功，實實在在是拜一般抗戰民眾及將士之賜。

　　但是，你須牢牢記着，我們對於抗戰的力量及其可以得到的效果，固然不可估量過低，卻也不可估量過高。如果估量過高，會把已經出了的力量白白的蹧蹋、會把可以得到的效果白白的送掉。

　　老實告訴你罷，如今抗戰實實在在一天比一天艱難了。如何可以說一天比一天好？你難道不知道自抗戰以來，所失去的地方，其幅員之多、時間之短，歷史上宋亡、明亡的時候都無其例麼？不過宋亡、明亡的時候，每失一地，還知道痛心，朝廷是要下詔罪己的、將帥是要革職拿辦的。如今呢？卻滿不在乎！

　　有過一位監察委員，說了一句「失地不聞痛心，喪師乃日豫定」，立刻將他撤職。從此以後，鴉雀無聲。許多重要城鎮在失去的時候，加上些「轉移陣地」、「變更戰略」等等字樣；更重要的，再加上些「已無戰略上之價值」、「已予敵以重創，戰略上之目的已達，無固守之必要」等等字樣。說出來時，臉上沒有一點難過。你聽了，自然以為抗戰一天比一天好了！

　　還有一層，宋亡、明亡的時候，還知道一個「戰」字、一個「守」字，不幸而戰敗守不住，無可如何而已。如今則換了兩個字，一個是「丟」、一個是「燒」。「轉移陣地」等等字樣是「丟」的文章詞藻，至於「燒」的文章詞藻卻更多了。

　　廣州是「丟」的最著之例、長沙是「燒」的最著之例，擴而充之，及於各處。丟得愈快愈好、燒得愈光愈好，其所以能於這麼短的時間失卻這麼多的土地，全在於此。再加上共產黨的所謂游擊戰，凡是丟不了、燒不了的地方，有了共產黨的所謂游擊戰，便不愁在地方上還會有一點子遺了。

　　你讀過歷史，你知道共產黨所謂游擊戰，不過是流寇的別名。人民如禾，流寇則如蝗蟲，所過之處沒有不食盡燒光的。從前的人，聽見「流寇」二字就會驚心。如今給共產黨加上些文章詞藻，卻被認為抗戰到底的秘訣了。只是文章詞藻是文章詞藻，事實是事實。你身在海外，所見到的是文章詞藻，以為有了這樣抗戰到底的秘訣，自然抗戰一天比一天好。

　　可是在內地所身受的人民，其痛苦是怎樣？還有許多真正可稱為民眾武力的游擊隊，能協助正規軍隊共同作戰的，被那些共產黨所謂游擊戰混在裏頭，攪得皂白不分，其痛苦又是怎樣？這豈是你所知道的？去年十一月間，我在重慶接連發表了幾篇「全面戰爭」等等文字，真是一字一淚，惹得共產黨破口叫罵。不知道你看見了沒有？

　　總而言之，抗戰一天比一天艱難是無可諱言，而且不可諱言的。知道抗戰一天比一天艱難，如果除了抗戰下去別無他法，那就要將抗戰期間所發見

的缺點，痛痛的舉發出來。當局之欺罔人民，是要舉發的；共產黨之趁火打劫、全無人心，是要舉發的。如不舉發，不止是諱疾忌醫，而且是養癰貽患。抗戰到底，必致變成抗戰伊於胡底了。

如果除了抗戰還有「和」的一條路，那麼，只要和的條件不是亡國條件，我們就應該拿出抗戰的決心與勇氣來講和。不要使抗戰以來已經出了的力量，白白的蹧蹋；不要使可以得到的結果，白白的送掉。

戰的時候，「和」之一字是一般人所不願意聽的。因為講和的結果，自然沒有征服的結果來得暢快。如今一般人因為恨日本侵略，恨不得將日本整個滅亡然後痛快。聽見講和，自然滿肚皮的不舒服。一般人如此是不足怪的，但是政府卻不可為這一般人所轉移。一般人同仇敵愾的心，政府固然應該加以鼓舞，庶幾不致一鼓作氣、再而衰、三而竭，然而政府更應該知道虛憍之足以誤事。一般人儘管高調，政府則必須握着現實。不得不戰，則戰；可以和，則和。時時刻刻小心在意為國家找出一條生路，纔是合理。

如今不然，政府的高調比一般人來得更大砲些。政府既然日日的瞞着良心來說硬話，一般人何苦自討沒趣？何況話一出口就被人指為漢奸，一般人心中想想，亡國是大家有份的，漢奸的惡名卻要我一個人承當，這更是何苦？這麼一來，自然而然的，心雖知其危而口不敢言了。這是不說老實話的原因，也就是不負責任的原因，也就是亡國的原因！

老兄，我在重慶時候的處境，你是知道的。我租得一間房子，有幾十個衛士繞圍着，我的安全是無問題的。如果敵機來呢？我會入地下室；如果重慶又像南京、武漢呢，我會隨着機關遷移。我在中國國民黨是副總裁、在國防最高會議是副主席，我沒有最高權力。我言而聽則幸甚，言而不聽則言者無罪。一旦不幸到了大崩潰的時候，我還有希望名正言順出來收拾。收拾不來，我以一死報國。生前甚逸，死後亦獲令名。你替我打算，我有了這樣的處境，如何會離開重慶？

　　但是你知道我的，我從二十多歲投身革命以來，就不曾替自己打算過。何況如今已經五十多歲了，眼看着國破家亡，我那裏還有這些閒心來替自己打算？我自從抗戰開始以來，想到中國不得已而抗戰，時時刻刻想着抗戰怎樣可以持久、怎樣可以獲得勝利，同時也想着怎樣可以覓得和平。

　　我對於覓得和平的意見，在會議裏不知說過多少次了。到了廣州丟了、長沙燒了，我的意見更加堅決、更加期其實現。我於去年十二月九日經過一番劇烈辯論之後，知道在會議裏無採納之望，纔於十八日離開重慶；二十九日以此意見公之國民，而促重慶諸人之反省。我在這時候，難道不知道我自此以後處境的困難與危險麼？如果依然抗戰下去，對於我主和的意見，自然是如水火之不相容；即使結局是和，但對於我主和的動機，定然不少惡意的或私意的揣測。我亦何能免於危險？

　　但你須知道，這是我所不顧的。我自從發表〈艷電〉以後，沒有說什麼話，只有一次答過客問。這一番問答之辭，曾經登載在《南華日報》，此外再沒有說什麼話了。所以如此消極，無非待重慶諸人之反省。我並且對重慶來人鄭重的說，只要採納我的主張，至於我的個人是準備隨時以在野資格從旁協助的。老兄你想，我除此以外，還有其他表白的方法沒有呢？

　　以上的話是關於我個人的，本來不必說。因你的信中殷殷念及，所以帶說幾句。如今把關於個人的話擱起不說，再說說主張罷。

　　我的主張始終必被採納的，不但從客觀條件上兩國有不得不和之勢，即在主觀條件上兩國當局也都有和的要求。所以我之所憂，不在乎主張之不被採納，而在乎採納之不徹底。因為中日兩國國民間之仇恨，積之已非一日。抗戰開始以來，這種仇恨與日加深。欲其消除仇恨、開誠合作，實在不是一件容易的事。

　　不過二十個月的苦戰，中國人固然了解日本作戰能力之強，日本人亦了解中國不是可以隨便欺負的。為使將士之血不致白流、人民之顛連困苦不至

於為無代價之犧牲，兩國的政府及人民總應該有較為長遠的打算。我以為去年十二月二十二日近衛內閣的聲明以及二十九日我的建議，都是着眼於此點的。可憐重慶諸人，對於「近衛聲明」既加以忽略，對於我的建議更是感情用事。除了謾罵之外，看不見一些理性的話頭。

及至最近，雖然有期望和平的表示，但其進行的方法，仍然是九一八以來避免直接交涉的那一套，仍然是只顧面子、置國家的實際利害於不顧。那麼還能希望他們對於兩國的將來，作較為長遠的打算嗎？我之所憂，莫過於此。我但願他們終有幡然覺悟的一日，那麼，真是國家之福。

以上所說，都是對於你的來信所發。自從三月二十一日之後，我有一篇文章，題為〈舉一個例〉，今隨函附上，不另說了。專此，並候起居。

汪兆銘謹啟
二十八年三月三十日

出處：

- 汪精衛，〈覆華僑某君書〉，《時代文選》第二期（1939年），頁7–9。
- 中山樵夫編，《汪兆銘言論集》（東京：三省堂，1939年），頁50–59。
- 南京國民政府宣傳部編，《汪主席和平建國言論集》上卷（南京：國民政府宣傳部，1940年），頁21–28。

重要聲明

一九三九年四月九日

———— ⟨⟩ ————

余讀本月五日路透電所傳，余與日本首相締結五項條款，不獨不引為
駭異，且目為重慶方面應有之宣傳。路透社消息之來源，乃根據重慶《大公
報》所登載。而《大公報》久為政府中個人之機關，失卻報紙應有之職責，此
又為中外所深悉者也。余對於此種毫無根據之謠傳本不屑置辯，但為正中外之
觀聽關係，用特鄭重舉余主張，以告國人。

余去年之離重慶而發〈艷電〉主和，已預料重慶方面之宣傳，將必目
余為漢奸、為賣國，甚且有個人或團體不斷加以有組織、有計劃之謀害。第今
日，不得不和已為全國愛護中華民國者之共同心理。各人皆有和平之心，而皆
不敢出之於口者，蓋恐遭不測之謀害，而又苦無一自由行使職權之民意機關，
以公開討論之也。余愛護孫先生所手創之中華民國，不忍滅亡於無識者之手
中，故毅然排萬難、冒萬險以主張之。但求條件非亡國之條件，使中國得以蘇
息、得以復興，則余將堅持到底，雖犧牲生命亦所不惜。故今後絕不因被人加
害而放棄其主張，亦決不因造謠中傷而動搖其見地。此應為國人聲明者一。

此次中日戰事，兩方均蒙歷史上未有之犧牲。而尤慘痛者，則為吾國
得不到政府保障之人民。其喪失生命、財產於戰地者，無論矣。即能悉索以避
難者，由沿海流亡而至武漢，更由武漢流亡而至滇黔。將來戰事再復延長，必
將淪為餓莩、轉乎溝壑。此種犧牲慘痛之責，兩方當國者皆不能辭。在日本之
估計，以為中國可不戰而屈，甚或一戰而使中國淪亡；在中國之估計，以為日
本之經濟可以旦夕崩潰，甚或因戰事而起革命。今戰爭將已兩年，雙方皆知中

453

國之最後勝利不可期，而日本欲達其吞併目的亦不可得。兩方皆知之、且洞知之，而猶以兩國之人民為犧牲。匪特不智，抑且大悖人道。長此相持，東亞之文明可以全燬，而中日兩國人民將必相與枕籍，而兩國皆淪胥。余確信戰則兩傷，和則共存。〈艷電〉之主張，蓋本諸良心之所驅，而為全國人民之所共信。此應為國人聲明者二。

　　蘆溝橋事變之前，中日兩國本充滿和平之機，屢次可以和而終不能和者，兩方皆缺誠意及責任心也。在日本當局，豈不能以中樞之力抑制駐華軍人無厭之求？其所以不為者，無誠意及責任心也；在中國當局，豈不能體察國力、提出正當對案之主張？其所以不為者，無誠意及責任心也。而尤痛心者，自西安事變，更閉和平之門，是誰之咎？則主持事變者，與屈服於事變者，皆當負其全責。余之反共，中外所知。余決不卹膺反共之名，而謀中日和平之實現。尤望日本當局，深察事實、推誠磋商。必使中國為一領土主權完整之國家，始得對於世界與東亞之和平有良好之貢獻。此應為國人聲明者三。

　　余更應聲明者。余既發〈艷電〉，則此後一切行動，當根據〈艷電〉而貫徹和平主張。余決不願中國再以戰事失敗，而再失地、而重苦人民。余更反對日本再以戰事勝利，而變其覺悟、改其條件。至於近日之各地軍事緊張，余尤引為痛心。猶憶重慶軍事當局，曾指出日軍佔領武漢、廣州之後，將必進取西安與南甯。知之而故意指謂余與日本當局締結條款之結果，豈禦侮無方，預料失敗而希圖卸其責任耶？余更不屑闢之矣。

出處：

- 汪精衛，〈重要聲明〉，《時代文選》第二期（1939年），頁1–2。
- 中山樵夫編，《汪兆銘言論集》（東京：三省堂，1939年），頁60–63。
- 南京國民政府宣傳部編，《汪主席和平建國言論集》上卷（南京：國民政府宣傳部，1940年），頁35–38。

我對於中日關係之根本觀念及前進目標

一九三九年七月九日

　　總理孫先生告訴我們：「中國革命之成功，有待於日本之諒解」，這句說話意義重大。日本是東亞一個強國，經濟、軍事、文化著著先進，最近幾十年可以說無日本則無東亞。中國事事雖然落後，卻是東亞一個地大人眾、歷史深長的國家。如果要強盛起來，日本必然要知道中國的強盛對於日本會發生什麼影響，於日本有利呢還是有害。如果有利，日本當然願意中國強盛，願意與中國為友；如果有害，日本必然要將中國強盛的動機打消了去，決定以中國為敵。以一個剛剛圖謀強盛的中國來與已經強盛的日本為敵，勝負之數，不問可知。

　　因為這樣，中國革命若要成功，必須使日本知道，中國革命之成功於日本有利。這不是權謀策略的，而是誠意的。怎樣纔能於日本有利呢？中國與日本外交方針一致、軍事方針一致，更進而根據平等互惠之原則，以謀經濟合作。這樣中國的強盛，便於日本有利而無害。這是不是有損中國主權呢？絕對不是。因為一個國家對於一個國家，因為利害相同而相結合，絕對不是有損主權；這是不是有損第三國正當權益呢？絕對不是。因為中日的結合，為的是共同生存、共同發達，並沒有排斥第三國正當權益的意味。

　　十三年間，孫先生在廣州手定國民政府建國大綱。那時候對於中日關係，是照着以上所述方針進行的。十四年間孫先生逝世，我繼承遺志主持國民政府，對於以上所述方針兢兢業業、不敢少變。十七年間便不然了，濟南事件為中日關係惡轉的起頭。但是冤仇宜解不宜結，中國此時只宜竭力忍耐、竭力

解釋，使中日關係由惡轉而復歸於好轉。不幸當時國民政府計不出此，遂使中日關係由惡轉而更惡轉，由此一直至於九一八事變發生。

我說這話，並非有意責難當時主持國民政府的人。我是一個國民黨員、是一個與國民政府有關係的人，對於這種錯誤，我當然應該分擔責任。不過我要求讀者知道，我在當時是一個亡命者、是一個被國民政府通緝而漂流海外的人。及至二十一年一月二十八日，我回到南京擔任行政院長，其後又兼外交部長。我提倡「一面抵抗，一面交涉」來矯正當時「反對直接交涉」的論調，在我手裏先後訂定淞滬停戰協定、塘沽停戰協定。我當時的用意，仍是本於冤仇宜解不宜結的觀念，想從局部的暫時的安定，進而謀全國的、永久的和平。我的主張，四年之間並未達到，我絕不諉咎於人。我只自認才力不逮，事與願違而已。

但是我必反對一種論調，這種論調就是當時所謂主戰派。試問以一個剛剛圖謀強盛的中國，來與已經強盛的日本為敵，戰的結果會怎麼樣？這不是以國家及民族為兒戲嗎？

我當初以為蔣介石先生與我是同心的，我看了二十年十二月蔣辭國民政府主席職後一篇告誡國人的文字，認為蔣與我同心，所以誠心誠意來與蔣合作。然而四年之間，我已漸漸的覺得不對了。及至二十四年十一月一日，我於大病之後又受了三傷，身體上支持不住。二十五年，一年之內我遠適異國，直至西安事變發生方纔趕了回來，則情形更加大變了。我當時只能牢牢認定剿共事業決不可中止，因為共產黨是只知有第三國際、不知有中國的。他受了第三國際的秘密命令，將階級鬥爭的招牌收起、將抗日的招牌掛起，利用中國幾年來的民族意識，挑動中日戰爭。這種大當斷斷乎上不得的，我當時的言論方針注意此點，讀者可隨時加以覆按。自從蘆溝橋事變發生以後，我對於中日戰事固然無法阻止，然而沒有一刻不想著轉圜。對於共產黨的陰謀，也沒有一刻不

想着抵制他、揭破他。直至最後最後，方纔於十二月十八日離開重慶，二十九日發表和平建議[4]。

我的和平建議，是贊同日本近衛內閣聲明的。我為什麼贊同呢？我依然是向來一貫的觀念，對於日本冤仇宜解不宜結。打了一年半的仗，日本的國力、中國的民族意識都已充分表現出來。日本既然聲明對於中國沒有侵略的野心，而且伸出手來要求在共同目的之下親密合作，中國為什麼不也伸出手來？正如兄弟兩個廝打了一場之後，抱頭大哭、重歸於好，這是何等又悲痛而又歡喜的事！

假使蔣能認識這是中日關係已到了一個新時期，毅然決然對於此聲明的大意表示贊同，則中日和平途徑即可開展。更進而根據所謂三原則以商訂各種具體條件，期於彼此交受其益，則東亞永久和平之基礎即可確定，此後共同生存、共同發達不難循序而得。不幸蔣不出此，反而用深閉固拒的態度對付日本的提議，更用極端壓迫摧殘的手段對付國內、黨內的一切和平建議。以此之故蹉跎半年，大局日益敗壞、不可收拾，這是真可痛惜的！

善鄰友好、共同防共、經濟提攜三項原則，固然在「近衛聲明」中，方纔輪廓明白。但是數年以前，日本已經有此提議了。二十四年十一月二十日，日本有吉大使與蔣會見，曾經提出以三原則為改善中日關係之基礎；蔣表示贊同，並表示無對案。其後忽然翻覆：

一則曰，那時是軍事委員長，不是行政院長，所說的話不能算數；

二則曰，那時是以私人資格談話，不是以公式談話；

三則曰，所謂贊成者，乃是贊成對於三原則之討論，不是贊成三原則；

---

4 指〈艷電〉，見中冊頁414–416。

　　四則曰，所謂無對案者，乃對於三原則之實施而言，絕非無條件的贊同。

　　這是二十五年整整一年中日交涉反覆停頓之原因，也是二十六年中日衝突終於爆發之原因。我們讀了當時的外交談話紀錄，只有浩歎。及至二十六年十二月至二十七年一月，德國陶德曼大使調停戰事，所述日本政府的和平條件，何嘗不也是三原則？

　　我在〈舉一個例〉文中已經說過，不必再述。至於「近衛聲明」，本其向來一貫的主張、為系統的敘述，並且於我國顧慮之點均已加以解釋。例如關於共同防共，因為我國顧慮以此之故干涉及於軍事內政，故聲明以日、德、意防共協定之精神，締結中日防共協定；關於經濟提攜，因為我國顧慮政治糾紛尚未解決，故聲明尊重中國之主權及行政之獨立完整，並聲明非欲在中國實行經濟上之獨佔，亦非欲要求中國限制第三國之利益。有了這樣鄭重而明白的聲明，則三原則之實行，決無害於中國之自由獨立。不但此也，所謂共同防共及經濟提攜，其主要目的在使共產擾亂與經濟侵略兩大毒害絕跡於東亞。這等責任非常重大，日本既屬望中國分擔這等責任，則中國必須有充分之自由獨立方能有分擔此重大責任之能力，自無待言。然則，我們贊同此聲明，決不是苟求一日之安，而為的是東亞的百年大計。然則，我們為何對於此聲明採取深閉固拒的態度？

　　在蔣統制下的宣傳，動不動說日本正在以全力滅亡中國，所謂三原則不過是一種托詞。這種宣傳實在是不對的：

　　第一、日本若要滅亡中國，則以全力繼續作戰便了，不必有所托詞；

　　第二、三原則的提出已歷數年，如上所述。自「近衛聲明」以來，更明顯的定為國策。全國輿論已趨一致，何以見得是托詞？

第三、中日兩國如果沒有一個共同努力的目標，則因利害衝突之故，勢必至於水火不相容。反之，有了一個共同努力的目標，則利害一致，衝突自然無從發生。這樣的關係重大，如何可以說是托詞？

第四、數年以來，中日關係所以不能改善，且日趨於惡劣，係誤於一種循環論。例如日本說「中國排日，是九一八事變的起源」；中國說「日本侵略是排日的起源」；日本說「中國要拋棄以夷制夷政策，纔能使中日關係好轉」；中國說「日本要放棄對於中國的野心，纔能使中日關係好轉」。諸如此類，都是互相期待、互相責備，以致愈弄愈糟。

如今有了一個共同努力的目標，以同時著力。先期待自己，然後期待他人；先責備自己，然後責備他人。則進步必然較快，成功必然較易。如此做去，不但使中日過去的糾紛得以解除，現在的戰禍得以結束及補償，而將來共同生存、共同發達的大道，也可以從此踏了上去。

然則為什麼一定要拒絕和議而高調繼續抗戰呢？我們必須知道，抗戰以來，軍隊和人民都已充分的表示了民族意識，這是不可磨滅的。然而，同時我們又必須知道，這種民族意識如今已被共產黨完全利用了。利用民族意識，在民族意識的掩護之下，來做摧殘民族、斷送國家的工作。在共產黨是以為當然的，因為他根本就不知道有所謂民族、有所謂國家。他只知道接受了第三國際的命令，要把中國來犧牲。犧牲的地方愈大愈好、犧牲的人數愈多愈好、犧牲的時間愈長愈好。中國固然犧牲個精光，日本也不免要受多少創傷，這在第三國際看來，真個是一舉兩得。

何況天從人願，抓着了蔣來做幌子，以盡情發洩十六年以來「剿共」的仇恨。等到盡情發洩之後，他自然會回到他的第三國際老家去，用不着一些留戀。因為這樣，所以三番幾次得着了恢復和平的機會，偏要說抗戰到底。這就是說中國永遠得不着和平的，非替第三國際犧牲到底不可。

　　總而言之，共產黨的罪惡，浮於義和拳；而為共產黨利用的人，其罪惡又浮於剛毅諸人以上。雖然尚有忠勇的軍隊、忠勇的人民，至多不過如聶士成一般，只能盡自己報國的心事，決不能挽回當前的劫運。不如學劉坤一、張之洞之保障東南，李鴻章之挺身入京，在八國聯軍槍桿之下成立和議，或者還可以補救一些。

　　我覺得今日有兩條路擺在面前：一條是跟著蔣高調繼續抗戰。以蔣現有的兵力，不但不足以抵抗日本，並且不足以控制共產黨。以蔣現有的環境，雖欲不跟着共產黨而不能。這樣下去，只有以整個國家、民族跟着蔣為共產黨的犧牲；另一條路，是把總理孫先生的遺志重新的闡明起來、重新的實行起來。對於日本，本着冤仇宜解不宜結的根本意義，努力於轉敵為友。第一步恢復中日和平，第二步確立東亞和平。這兩條路，前一條是國亡滅種的路，後一條是復興中國、復興東亞的路。我決定向復興中國、復興東亞的一條路走，我決定團結同志並團結全國各黨各派以及無黨無派有志之士，來共同走上這一條路。

出處：

- 汪精衛，〈我對於中日關係之根本觀念及前進目標〉，《時代文選》第五、六期（1939年），頁1–5。
- 中山樵夫編，《汪兆銘言論集》（東京：三省堂，1939年），頁64–73。
- 南京國民政府宣傳部編，《汪主席和平建國言論集》上卷（南京：國民政府宣傳部，1940年），頁39–46。

兩種懷疑心理之解釋

一九三九年七月二十二日

　　和平是人人所想望的，但是和平如何纔能實現呢？似乎還有些人在懷疑着。第一個疑問是：如果最後勝利，豈不比和平更好？第二個疑問是：日本是否有誠意？我們是否會上當？

　　如今先解答第一個疑問。

　　以一個剛剛圖謀強盛的中國，來與已經強盛的日本為敵，勝負之數，不問可知。但是既然打起來了，則為鼓舞人心、振作士氣計，說一些「最後勝利必屬於我」，也是望梅止渴的意思。然而說得過份是有危險的，如果被人利用了去就更危險了。例如蘇聯參戰，在初開仗時候是說得最響的。當《中蘇互不侵犯條約》成立的時候，軍事最高當局曾說，三個月內蘇聯必然參戰。共產黨更是趾高氣揚，捧共產黨的人便狐假虎威的，對於明瞭國際情勢、不肯隨便附和的人加以種種壓迫。可是三個月以後，上海丟了、南京丟了，共產黨人卻即刻變過口來，說凡是主張蘇聯參戰的人，都是托派漢奸了。

　　哼！諸君注意，不但講和平的，共產黨叫做漢奸；就是講蘇聯參戰的，共產黨也要叫做漢奸呢！因為共產黨所謂漢奸，是就蘇聯立場說，不是就中國立場說。共產黨的最大任務在挑起中日戰爭，尤在挑起之後，一直的打下去、不要住手。所以你講和平，共產黨叫你做漢奸；你講蘇聯參戰，共產黨更叫你做漢奸。即使你失剩了一塊地、死剩了一個人，共產黨還是毫不動心的。《聊齋》有一段〈畫皮〉故事：一個書生被妖精迷住了，及至臨死覺悟過來，想將妖精推開，那妖精卻睜着眼冷笑道：「你還想活麼？」

共產黨所謂反對中途妥協、所謂抗戰到底，便是這般面目、這般口氣。共產黨不足責；可怪的，軍事最高當局在《中蘇互不侵犯條約》成立的時候，曾說三個月內蘇聯必然參戰。料事之錯，人所常有。但是既然知道錯了，就應該改正過來，不應該一直的錯下去。如果說三個月不來，等他三年；那麼也可以說，等他三十年、三百年、三千年。那時候連吳稚暉的無政府主義也會實現了，何止蘇聯參戰？

以上所舉，只是一例。但即此一例，可概其餘。總而言之，說得過份是有危險的；明知其說得過份而還要這樣說下去，其危險更大了。至於被共產黨利用了去，則不是望梅止渴，而是飲鴆止渴了。其為危險，更不待言。懷着「最後勝利豈不比和平更好」的人，不可不猛省。

第一個疑問解答完了，再來解答第二個疑問。

日本是否有誠意呢？我們是否會上當呢？這自然是憂深慮遠所發出來的疑問。兩年以來，日本耗了許多兵力財力，得到了中國許多地方，肯輕輕放手嗎？中國向來有一句話，能戰然後能守、能守然後能和。不能戰而戰，其結果為喪師失地。然而死剩了一個人、失剩了一塊地，這一個人、這一塊地還是獨立自由的；如果不能和而和，只怕連這一個人、一塊地也失了獨立自由啊！「睦鄰友好、共同防共、經濟合作」說得好聽，然而威爾遜的十四條更說得好聽。德國人民因為相信了他，方纔將威廉第二趕走，而其結果卻換得一部書似的《凡爾賽條約》，這種當我們可以上嗎？

以上疑問，不但憂深慮遠，而且痛心疾首，比起阿Q式的最後勝利論實在明白得多了。我以十分同情來對於以上的疑問、我更以十分誠意來對於以上的疑問，加以解答。我以為要解答這疑問，最好將《中山全書》裏頭大亞洲主義的演講重讀一過。這演講是孫先生於十三年十一月二十八日，在神戶對商業會議所等五團體發表的。這是孫先生一生最後的演講，也是孫先生一生最大

的抱負。讀了演講之後，便可知道亞洲的危機如何重大、亞洲人的責任如何重大了。中日兩國為什麼只可做朋友，不可做仇敵呢？因為做朋友方能共同擔負這重大的責任，對付這重大的危機；做仇敵則彼此相消，其結果必致為人所乘而同歸於盡。中日兩國之只可做朋友、不可做仇敵，是以此重大意義為其基礎的。縱使一時烏煙瘴氣將這重大意義遮蔽住了，做起仇敵來，然而環境與認識，終必有使其回過頭來做朋友之一日。

這是對於第二疑問的解答，同時對於第一疑問也就得到確切的解答。

因為中日兩國，如果從此真真的做起朋友來，這便是最後勝利。須知道，一方勝利、一方失敗，決不是真勝利；兩方都得到勝利，這纔是真勝利。大凡國與國的交際，權謀術數沒有多大用處，最要緊的是有真實的認識。如果明白了「大亞洲主義」的根本意義、明白了亞洲重大的危機、明白了亞洲人重大的責任，則對於中日兩國之只可做朋友、不可做仇敵，便有了真實的認識；便不怕沒有誠意，不怕會上當了。

於此附帶幾句話，「大亞洲主義」並沒有排斥他洲人的意味。我相信中日兩國做了朋友之後，亞洲必然得到和平、得到繁榮。他洲人住在裏頭，只有更加幸福。同時我相信中日兩國如果這樣的做仇敵相持下去，則亞洲將非亞洲人之亞洲了。

去年四月，中國國民黨臨時全國代表大會宣言裏頭，曾說：「吾人之本願在和平，吾人之最終希望仍在和平。惟吾人所謂和平，乃合於正義之和平。必如是，然後對內得以自立、對外得以共存。必如是，始為真正之和平、永久之和平。」又說：「以此之故，中國對於日本，既明示以抗戰之目的，更本必死之決心，盡可能之努力，以赴此目的；必使日本瞭然於中國之目的、知中國終不可以暴力屈服，幡然變計。放棄其侵略主義，更與中國謀合於正義之和平，然後中日共存之希望始達、太平洋之危機始息、世界和平始得到真實之保障。」

　　由此可見中國對於和平之希望及其對於和平之基本條件，由此可知所謂「講和即漢奸」、所謂「抗戰到底」、所謂「中途妥協即是滅亡」全然是共產黨人一方面的議論。現在和平之基本條件漸漸的得到了，和平之希望漸漸的有實現的可能了。我們本於向來的確信及現在所得到的真實情形，我們對於和平前途沒有懷疑，以滿腔的熱誠向前邁進！

出處：

- 汪精衛，〈兩種懷疑心理之解釋〉，《時代文選》第五、六期（1939年），頁9–11。
- 中山樵夫編，《汪兆銘言論集》（東京：三省堂，1939年），頁80–85。
- 南京國民政府宣傳部編，《汪主席和平建國言論集》上卷（南京：國民政府宣傳部，1940年），頁53–58。

怎樣實現和平

一九三九年八月九日

各位同胞：

　　如今我在廣州向你們廣播，眼睛裏雖然看不見你們，心神早已和你們在一起的。如今身體也和你們在一起了，説不出的感動、説不出的興奮！

　　七月九日我曾經廣播一次，題目是〈我對於中日關係之根本觀念及前進目標〉。當時沒有將廣播地點説出來，有些自命高調的人，説我定然在淪陷了的地方失了自由了。我如今告訴各位，我自去年十二月二十九日發表和平建議5之後，沒有離開河內一步。我當時實在盼望蔣介石肯替國家民族着想，接受我的建議。等了幾個月，知道這盼望是徒然的，可是國家民族不能不救，於是開始奔走。當奔走的時候，我沒有通知藍衣社的義務，自然只好把行蹤秘密起來。不但當時如此，以後如有必要也是如此。

　　如今我第一句要問的：我為什麼不可以走到淪陷了的地方？須知道在戰時一個人所能站着的地方，不外以下幾種：一是前方、一是後方、一是淪陷了的地方、一是外國。可是中國人呢，卻多了兩種：一是租界，如上海、天津等；一是外國的殖民地，如河內、香港等。我並沒有鄙夷住在這兩種地方的人，我以為只要看他的目的和他的言論行動。如果他的目的和他的言論行動，時時刻刻是替前方、後方及淪陷了的地方的民眾着想，時時刻刻想去解救，那

---

5 指〈艷電〉，見中冊頁414–416。

麼他的努力毫無分別；如果他以為現在托庇在外國帝國主義勢力之下，站在風涼地方來説風涼話，我自然鄙夷他。

在前方、後方的民眾心事是怎樣的呢？如果和平沒有希望，同歸於盡，無可説的；如果和平有了希望、和平的條件無害於國家之獨立自由，為什麼不可以講和平？然而在蔣介石及共產黨壓迫之下，「講和平的是漢奸」。這些民眾只有在壓迫之下，一聲不響、由他擺佈，至死為止。我們想到這裏，只有用盡方法，把這些前方、後方的民眾解放出來。至於在淪陷了的地方的民眾呢？他們的心神與前方、後方的民眾是不可分的。不但心神如此、身體也是如此，所謂生則同生、死則同死。如果和平沒有希望，同歸於盡，無可説的；如果和平有了希望、和平的條件無害於國家之獨立自由，他們當然講和平，並且熱烈的追求着怎樣實現和平。

就廣州來説，在去年十月以前，民眾所聽到的是當局叫人民安心，日本軍隊斷斷不能來到，直至十月初旬還是如此説。及至日本軍隊將要來到了，當局帶領軍隊先走、將民眾丟下。而臨走的時候還要放一把火，把民居商店燒個精光。這是廣州民眾處在前方、後方地位的時候，所身受的。至於丟剩了、燒剩了的，在當局看來，只有恨他死不盡、燒不光。還不斷的唆使土匪，用游擊的名義來繼續焚燒搶掠的工作。這是廣州民眾處在淪陷地位的時候，所身受的。當局為什麼如此呢？是奉蔣介石的命令。蔣介石為什麼如此呢？是奉共產黨的教條。試問這些犧牲有得到一點代價沒有？當初燒的時候，日本軍隊不會因此不來；燒了之後，日本軍隊來了也不會因此站不住。試問這一場燒，除了燒死人民、燒絕了人民生命所寄託的財產，還有其他什麼意義？！

廣州燒了還不算，武漢臨去的時候也照樣的一道命令要燒個精光。因為奉令的人於心不忍、燒得不甚徹底，因此索性長沙於未丟以前就徹底的燒個精光了，未來的重慶、成都也是如此。而且除了這樣的大燒特燒之外，還要帶着游擊隊零零碎碎的燒，要使全國都變成瓦礫、變成灰燼。如果和平沒有希

望，同歸於盡，無可說的。如果和平有了希望，而且和平的條件無害於國家之獨立自由，為什麼一定要把民眾趕上了死絕的路上去？！這些呼聲，在前方、後方的民眾，被箝着口發不出來；可是在淪陷了的地方的民眾，卻已發出來了。我為什麼走到淪陷了的地方來？我是為這種呼聲所召喚！我是要將這種呼聲與前方、後方被箝着口發不出來的呼聲，連結在一起！

我第二句要問的是：為什麼我走到淪陷了的地方便會失了自由？無論現在日本方面，並沒有侵奪我的自由。我既然下了決心，走到這地方來，難道連「三軍可奪帥，匹夫不可奪志」的道理也不懂得？我只會死，絕不會失卻自由。不但此也，我時時刻刻準備着，以我的生命，換取同胞的生命；以我的自由，換取同胞的自由。

以上兩句要問的話已問完了，如今所要說的是怎樣實現和平。這似乎很繁複，其實很簡單。只要蔣介石看得國家民族比他個人重些、遵守孫先生「大亞洲主義」的遺教、接受日本關於和平的聲明，那麼全國停戰立即可以實現，跟着和平談判就可開始。在和平談判中商量各種問題，如善鄰友好、共同防共、經濟合作等，都根據原則以謀具體條件之折衷至當，於是全國所渴想的撤兵必可以做到。試問這樣，豈不是一件極簡單的事？

但是蔣介石既然看得他個人的利益大於國家民族的利益，寧可將國家利益民族利益獻給受第三國際指揮的共產黨，以為西安事變替他個人救苦救難之酬勞品。明明白白和平有了希望，而且這和平明明白白無害於國家之獨立自由，他偏要悍然不顧的加以反對。這樣一來，和平的實現便遇着極大的阻礙了。

然而，要除去這極大的阻礙也有方法，而且這方法並不繁複、實在簡單得很。只要在前方、後方的行政當局以及帶着軍隊的人，明白了和平有了希望，而且這和平無害於國家之獨立自由；破除了蔣介石的欺騙宣傳、擺脫了蔣介石的箝制力量。第一步公開的贊成和平：在自己力量所及之地，肅清共產黨

的一切陰謀罪惡；保衛地方的治安，保衛人民生命、自由、財產的安全。第二步將贊成和平的聯合起來：公開的要求蔣介石以國家民族為重，不再做和平的阻礙。這樣和平的實現，在短期間內必然普遍全國。由和平實現而得回獨立自由，由得回獨立自由而奠定了共同生存、共同發達的基礎。復興中國、復興東亞，必由於此。

或者有人會提出疑問道：「假使我們有這樣的表示，而日本軍隊仍然進攻；那麼，不但和平會成泡影，而且徒然懈怠了軍心、散亂了人心，豈不為害甚大呢？」我如今鄭重的、明白的答覆道，如果在前方、後方的行政當局以及帶着軍隊的人，能有贊成和平的表示、反共的表示，則日本軍隊必不會進攻。因為日本政府已有聲明在前，盼望中國有同憂、具慧眼之士出而收拾時局，以復興中國、以進而分擔復興東亞的責任。因此，日本軍隊決不會向着我們和平反共的地方及軍隊進攻的。

現在我在廣州與安藤[6]最高指揮官會晤，關於怎樣實現和平，彼此互相披瀝誠意。其結果使我確信，如果廣東方面的中國軍隊有和平反共的表示，安藤最高指揮官必能以極友好的考慮實現以下幾件事。即是不僅對於這種軍隊立刻停止攻擊，而且更進一步將日本軍隊已經佔據的地方、所有治安警備以及行政經濟，都從日本軍隊手裏次第交還中國。因此我今日敢公開約束，如果廣東方面的行政當局和軍隊能贊成我的和平主張，則我必能得安藤最高指揮官的同意，先在廣東做起部份的停戰，而以次及於全國，使全國和平得以完全恢復。尤其是對於廣州市民，我敢說在最短期間，必能以廣州市還之廣州市民之手，使廣州市成為比較去年十月以前更有秩序、更有幸福的地方。

各位同胞，聽到了我這篇廣播之後，可以知道我所謂和平可以實現，而且和平的條件無害於國家之獨立自由，不是一種空想，而是早晚可以證明的事實。各位同胞，你們不是淪陷了的地方的民眾啊！你們從前曾經盡了前方、

---

6 安藤利吉

後方的責任，忍受了許多的痛苦、有許多的犧牲。及至蔣介石將你們丟了之後，還要加你們以種種惡名，恨你們死不盡、燒不光；加你們以種種惡名，好將你們繼續的燒、繼續的送往死路。蔣介石不是以日本為敵，是以中華民國為敵、是以中華民國的民眾為敵！蔣介石在今日已為和平之唯一阻礙者，你們只有將這阻礙除去，你們必然能洗卻了種種惡名，而重新做中國復興之柱石，進而做東亞復興之柱石。

　　各位同胞，我知道我廣播了這一篇談話之後，蔣介石必然又逼迫各前方、後方的行政當局以及帶着軍隊的人，發出聯名通電來攻擊我，但我知道這是無效的。只要和平的條件無害於國家之獨立自由，而且可以為復興之基礎，我相信沒有一個人能阻礙和平之實現！

出處：

- 汪精衛，〈怎樣實現和平〉，《時代文選》第七期（1939年），頁1–4。
- 中山樵夫編，《汪兆銘言論集》（東京：三省堂，1939年），頁86–93。
- 南京國民政府宣傳部編，《汪主席和平建國言論集》上卷（南京：國民政府宣傳部，1940年），頁59–64。

答問（一）

一九三九年八月十五日

　　本月九日我在廣州發表了一篇演説[7]之後，接到了許多來信。其中有一個疑問是「先生所説，似乎只注重停戰，未注重撤兵。是否撤兵難於實現？如果撤兵難於實現，則和平也難於實現了」。我記得我對於這一個疑問曾經解答過，但既承來信殷殷問及，我願意再簡要的解答幾句。

　　大凡兩國交兵，其回復和平的程序，第一步是停戰、第二步是和平談判、第三步是撤兵。撤兵是和平的最後結果，不是和平的先決條件。有些在講和條約裏訂明，須某種條件履行完了，然後撤兵的；有些因為某種條件無意履行，而重新進兵的。以撤兵為和平的先決條件，只有陳嘉庚先生才會作此想像。他曾對國民參政會第二次會議用電報提議，「在日本軍隊未完全退出中國境內以前，不得談和平」。試問如果日本軍隊完全退出中國境內，則和平已經實現了，還用得著談嗎？

　　不辦到撤兵，和平不能説得到結果，這是每一個中國人都知道的。但是今日的問題是「如何纔能辦到撤兵？」這等於説「如何才能實現和平？」如果説非撤兵不得談和平，這等於説非和平不得談和平。這種説法，在文字上是不通，在事實上是不會有。這種説法的用意，不過想以之抵制和平、阻止和平之進行，真所謂不值一駁的。我們還是注重事實以謀和平之實現罷。

---

7 指〈怎樣實現和平〉，見本冊頁465–469。

如果注重事實以謀和平之實現，則第一步仍然是做到停戰。須知道兩國交戰的時候，往往不免一方是勝、一方是敗，因之停戰條件往往不免苛酷。其最著的，如歐戰時候，協商國對於德國的停戰條件，簡直是繳械。如今所說「只要中國軍隊有和平反共的表示，則停戰即可做到」，這在日本是不以戰勝者自居，這一點應該提出以喚起國人注意的；至於所說「更進一步，將日本軍隊已經佔據的地方、所有治安警備以及行政經濟，都從日本軍隊手裏次第交還中國」，這在日本是想以事實證明他所謂對於中國沒有領土野心以及尊重中國主權等等，不是空話，這一點尤其應該提出以喚起國人注意的。

我們平心靜氣來想一想，如果行政當局以及帶兵的人表示反共、和平，則在其所轄地方，倒霉的只有共產黨，因為他再不能假藉游擊名義來魚肉百姓了。除此之外，都是得到和平益處的。至少至少，不至於使地方為淪陷之續。至於已經淪陷的地方，如果治安警備以及行政經濟都次第交還，也就得到了和平的基礎。自然，和平的最後結果是撤兵。但是做到這第一步，便可循序而進的做到第二步，以至第三步。

如果蔣介石也贊成和平反共，那麼，全國以內沒有交戰形勢存在。由全國停戰、而全國和平談判、而全國撤兵，自然容易得多。可是蔣介石既然無望，則先由部份做起，以次及於全國，實為今日救國的唯一方法。

出處：

- 中山樵夫編，《汪兆銘言論集》（東京：三省堂，1939年），頁94-96。

- 南京國民政府宣傳部編，《汪主席和平建國言論集》上卷（南京：國民政府宣傳部，1940年），頁65-68。

- 中央電訊出版委員會編，《汪主席和平建國言論選集》（南京：中央電訊出版委員會，1944年），頁37-38。

答問（二）

一九三九年八月二十一日

本月九日，余發表〈怎樣實現和平〉之後，接到了許多來信。曾經對於其中一個疑問予以解答，現在再解答另一個疑問。

這疑問的大意是說，「兩國由戰而和本是常事，但當初為什麼戰？如今為什麼和？這其間是否有一貫的理論，而不致使人陷於思想上的矛盾？」

我的解答是，當初以為日本是要滅亡中國的，所以不得已而出於戰；如今知道日本不是要滅亡中國，而是要與中國在一個共同目的之下共存共榮的，所以要謀和平之實現。

當初以為日本要滅亡中國，所以不得已而出於戰。最高目的，自然想救中國於滅亡；最低限度，不能救國、亦可殉國。如果當初的抗戰，是由於這種純粹的、不得已的動機，那麼在今日，必然以當初一樣的誠心誠意，來謀和平之實現。因為只要能使中國不致於滅亡，則最高目的已達。當初的戰、今日的和，完全是一貫的，沒有一些矛盾。

反之，當初的抗戰，不是由於這種純粹的、不得已的動機。或是由於個人的利害、或是由於第三國際的命令，那麼，個人的利害問題未得解決以前、第三國際的命令未有更改以前，自然只好不顧一切的主張抗戰到底。這也是一貫的，並沒有矛盾的。所差的不是為中國着想，是為自己個人或第三國際着想。

來信曾舉出我在二十六年七月三十一日所演講的〈最後關頭〉[8]來做個例，這個例好極了。全篇文字是因為眼見得日本要滅亡中國了，既然不得已而出於戰，因戰之故，雖人與地皆成灰燼亦所不辭。全篇文字其意義是如此的，所以對於不戰而使人與地皆成灰燼，安能不深惡痛絕？二十七年一月十二日所演講的〈如何使用民力〉、一月二十三日所演講的〈抗戰期間我們所要注意的三要點〉、十一月十二日所演講的〈如何培養我們的勇氣〉[9]、十一月二十三日所演講的〈為什麼誤解焦土抗戰〉、十一月二十四日所演講的〈全面戰爭〉[10]及同日所演講的〈犧牲的代價〉[11]，皆一一可以覆按，並沒有一些矛盾。

至於〈艷電〉發表，是因為日本已經提出和平條件了；已經可以證明日本不是要滅亡中國，而是要與中國在一個共同目的之下共存共榮了。那麼當初不得已而出於戰的動機已經消失，棄戰言和是自然的、也是必然的。我在〈覆華僑某君書〉內說我們應該拿出抗戰的決心與勇氣來講和，就是這個理由。

在抗戰期間，我們同志與其他的人不同的地方，是因為我們在抗戰開始以前，總是想盡方法來避免這場戰爭；及至不得已而出於戰，則又想盡方法不使和平的門終於關閉。我們不問方式，只問條件。只要條件無害於中國之獨立生存，則隨時準備討論、準備接受。這是我們同志與其他的人不同的地方，這種決心由於不忍中國之滅亡而來的。我們的思想始終一貫，並沒有一些矛盾。

---

8 汪精衛，〈最後關頭〉，《中華月報》第五卷第八期（1937年），頁8–9。

9 汪精衛，〈如何培養我們的勇氣〉，《衝鋒》第三十五期（1938年），頁4。

10 汪精衛，〈全面戰爭〉，《中央週刊》第一卷第十六期（1938年），頁2–3。

11 汪精衛，〈犧牲的代價〉，《政論》第一卷第三十期（1938年），頁1–2。

出處：

- 南京國民政府宣傳部編，《汪主席和平建國言論集》上卷（南京：國民政府宣傳部，1940年），頁69–72。

- 中央電訊出版委員會編，《汪主席和平建國言論選集》（南京：中央電訊出版委員會，1944年），頁39–40。

對沈次高先生殉難在滬談話

一九三九年八月二十五日

八月二十二日下午八時半，沈次高先生在港遇刺殉難。某君得訊，特向汪精衛先生致唁。談話紀錄如左：

某君致唁後，汪先生答稱：

次高為余外甥。余幼時受業於姊丈沈孝芬先生之門，其後次高復受業於余。其受知於總理孫先生在十一年六月十六日之役，當時余奉命赴天津。回至上海，有電至廣州，由次高轉呈孫先生。電至時，變已作。次高在城內奔走於軍隊雜沓之中，為哨兵刀傷其背數處，幾瀕於死。然卒能力疾赴永豐艦上，完其使命。孫先生極嘉其勇，撫其背、視其創，並口授密令傳達於余。自是以來，屢任要職，果敢勇決。二十年中，始終如一。

去歲十一月，次高在港寄書於余，謂吾舅在渝，若不能制止共產黨及其工作之繼續斷送國家民族，則不如舍去，別圖補救。其言切直，對於余之隱忍，深致不滿。及余發表〈艷電〉後，次高即隨余致力於和平運動。所志未就，遽以身殉！其遇難情形，同於柏生[12]；死事之慘，同於仲鳴。救國殉難為吾人之素志，生死毀譽久置度外。吾人惟有以未死之身，盡可能之努力，以繼死者之志而已。

某君復問對於最近德蘇互不侵犯條約感想如何，汪先生答稱：

---

12 林柏生

國家間之結合，常因利害關係而生變化。德、蘇之有此舉動，其可能性久已有人論及。只有陣線論者始逞其臆說，甚至主張中國應對於德、意實行絕交，始可得蘇聯之援助。今日彼等所認為反侵略陣線之主角，與所認為侵略陣線之主角忽有此結合，在彼等至少應愕然知所反省。乃不出此，猶造為從此蘇聯得併力遠東，有利於吾國抗戰之說！彼等曾否觀察德蘇為此結合，其動機如何？各國對此變化，其感覺如何？其對策如何？其影響所及如何？此等輕率論斷，出於言論界之口已為不慎，乃以政府之地位亦靦顏言此！推彼個人獨裁之意，無非欲以此欺騙羣眾。但羣眾已非可以欺騙者，行見其益為羣眾所唾棄而已。

出處：

- 南京國民政府宣傳部編，《汪主席和平建國言論集》上卷（南京：國民政府宣傳部，1940年），頁73–74。
- 中央電訊出版委員會編，《汪主席和平建國言論選集》（南京：中央電訊出版委員會，1944年），頁41。

中國國民黨第六次全國代表大會宣言

一九三九年八月三十日

　　去歲四月，本黨開臨時全國代表大會於武昌，在宣言中明示中國此次抗戰之目的及對於將來之希望。

　　其追溯既往，有曰「蓋自塘沽協定以來，吾人所以忍辱負重以與日本周旋，無非欲停止軍事行動、採用和平方法，先謀北方各省之保全，再進而謀東北四省問題之合理解決。在政治上，以保持主權及行政之完整為最低限度；在經濟上，以互惠平等為合作原則。」此於中國本來之目的及其維護和平之意向，闡述甚明。

　　其敘盧溝橋事變以來，中國以和平無望，迫不得已出於抗戰。然仍鄭重為之結論曰「吾人之本願在和平，吾人之最終希望仍在和平。惟吾人所謂和平，乃合於正義之和平。必如是，然後對內得以自立、對外得以共存。」於此可見中國本來之目的及和平之基本條件，始終無改。且重言以申明之曰「必使日本瞭然於中國之目的、知中國終不可以暴力屈服，幡然變計。放棄其侵略主義，更與中國謀合於正義之和平，然後中日共存之希望始達、太平洋之危機始息、世界和平始得到真實之保障。」

　　中國對於將來之希望，於此更坦白真摯、披露無餘。凡此不特為本黨同志之公言，抑亦中國同胞之公意。中日兩國同在東亞，文化關係至深且切。數十年來，日本已成維新之業，使東亞增重於世界。中國亦正覺悟其歷史使命，繼續總理孫先生之遺志，努力以求中國之自由平等。在此不幸之戰爭中，中國固深切認識日本國力之強，日本亦深切認識中國民族意識之盛與建國信念

之堅固而不可拔。雖抗戰以來，中國喪師失地，瀕於覆亡。然全國人民犧牲決心，久而彌厲；將士效命，前仆後繼。合於正義之和平一日不達，則抗戰一日不懈。

日本於此，亦覺其先進國之責任，毅然不以戰勝者自處。於去歲十二月二十二日發表聲明，此聲明中列舉日本所要求中國者，為「善鄰友好」、「共同防共」、「經濟提攜」三項。於「共同防共」項中，標明「以日、德、意防共協定之精神，締結中日防共協定」；於「經濟提攜」項中，復標明「非欲在中國實行經濟上之獨佔，亦非欲要求中國限制第三國之利益。」除此三項要求之外，歷述日本「對於中國，無領土之要求、無賠償軍費之要求。不但尊重中國之主權，抑且不吝進而考慮交還租界、廢除中國完成其獨立所必需之治外法權。」並鄭重說明日本之所以出此，「實欲要求中國以建設東亞新秩序之分擔者之資格，於實行其職務時所必需之最少限度之保證。」

日本之為此聲明，其為放棄侵略主義、欲與中國謀合於正義之和平，至為顯然。日本在戰爭中有此反省，中國亦不可不深自反省，使合於正義之和平得以早日實現。夫中日兩國之關係，總理遺教中關於「大亞洲主義」之演講，久已示其正鵠。「中日兩國無論從何方面着想，均宜攜手協力進行，共謀兩國前途之發展。」「中日兩國當為亞洲民族獨立運動的原動力」，其深切著明，久已為吾人之所服膺。前此深維中國若不能得到自由平等，則無分擔此責任之資格與能力，故不得不先致力於國民革命以求之。乃國民革命尚未成功，中國之獨立生存已受威脅，息息有覆亡之懼。侵尋不已，始釀成此不幸之戰爭。

今者，日本既有此聲明，不惟目前之爭可息，歷年以來之糾紛亦可本此以為解決。且不惟對於東亞可與日本攜手協力進行，世界和平亦可於此奠定基礎，此正上屆宣言所謂「中日共存之希望始達、太平洋之危機始息、世界和平始得到真實之保障」者。去歲十二月二十九日，汪兆銘同志建議中央，主張

對於日本之聲明「應在原則上予以贊同，並應本此原則，以商訂各種具體方案。」實為根據宣言所明示之方針，以蘄實現合於正義之和平，此全黨同志所公認，亦即全國人民所蘄其實現者也。

上屆大會既於宣言中明示方針，並選舉蔣中正、汪兆銘兩同志為正、副總裁，使負執行此方針之責，同時布告海內外同胞。當在共同信仰的三民主義之下，竭其忠誠、服從領導。乃蔣同志棄置方針，對於日本政府去歲十二月二十二日之聲明，遽以個人武斷，發言拒絕；對於汪同志之建議，更不念大會付託之重，遽予以永遠開除黨籍及解除一切職務之處分，復用極端嚴厲手段箝抑輿論、極端慘酷手段殘殺同志。遂使和平運動橫受挫折，戰爭依然繼續。

而其尤可痛心者，去歲四五月間，共產黨人所秘密傳授《中共的策略路線》一書已被發覺，其所謂「一切以抗日為前提，在抗日口號掩護之下，進行階級鬥爭、土地革命」，已定為信條。其見之於行事者，假藉抗戰，以削弱國民政府之力量。使之繼續不斷喪師失地，以促成其崩潰之勢；假藉抗戰，以實行民窮財盡政策。所至焚殺，使所謂中小資產階級歸於掃蕩，且使大多數人皆成為無業游民、供其利用；假藉抗戰，以實行愚民政策。剝奪所謂知識階級之一切自由，使全國陷於精神破產，不識不知、隨而盲動；假藉抗戰，以擴大邊區政府之勢力，謀於相當時期攫取國民政府而代之，夷中華民國為中華蘇維埃，使永為蘇聯之附庸；假藉抗戰，使中日兵連禍結，蘇聯得安坐而乘其敝。凡此種種，無不根據已定的策略，為有系統的進行。

其在邊區以內，則利用封鎖政策以隔絕耳目；其在各戰區及各淪陷區，則以無恥的宣傳掩其率獸食人的行徑。其在國民政府所在地，則隱身於擁蔣抗日口號之下，狐假虎威、含沙射影，使人民為之側目、將士為之離心、同志為之解體。此在共匪，出賣祖國是其素志，殊不足責。所可怪者，蔣同志陽則受其擁護、陰則供其利用，曾不一念十餘年來，諸將士為剿共而流之血遍於十餘省、人民直接間接死於共匪之手者不下數千萬。當此國家存亡繫於一髮之

際，置一切同志之忠言於不聽，惟共匪之所左右。一切同志不見容於共匪者，即不見容於蔣同志。

馴至關係國家存亡之和戰問題，不取決於大會所明示之方針、不取決於同志之建議，而取決於共匪之頤指氣使。以是之故，使和平運動橫受挫折、戰爭依然繼續。夫在未得合於正義之和平以前，戰爭為不得已；既得合於正義之和平，而猶繼續戰爭，則實無意義之尤。況乎和戰問題為共匪所劫持，則合於正義之和平永無實現之望。而繼續抗戰，適以促其滅亡，此誠不能不加以糾正者。上屆大會以執行方針之責付之蔣同志，蔣同志乃棄置方針於不顧，以自誤、誤國。本屆大會爰以一致之決議，解除蔣同志總裁之職權，並廢除總裁制。更授權汪同志，使本於上屆及本屆大會所定方針，領導同志積極進行。

日本政府聲明中，關於共同防共，其目的在防止共產國際之擾亂的陰謀，於中國實為當務之急。前此吾人顧慮以此之故干涉及於軍事內政，今既聲明以日、德、意防共協定之精神，締結中日防共協定，則此種顧慮可以消除。其所謂「鑑於中國之現狀，為獲到此項防共目的之保障計，在該協定期間內，要求在特定地點允許日軍駐紮防共，及指定內蒙為特殊防共地域。」其協定期間及特定地域，自有待於兩國之協商同意。而內蒙雖為特殊防共地域，其領土主權仍屬中國，自無疑義。

關於經濟提攜，日本既聲明「尊重中國之主權」，復聲明「非欲在中國實行經濟上之獨佔，亦非欲要求中國限制第三國之利益，而僅欲要求中日之提攜與合作」，則與上屆大會宣言中所謂「在政治上，以保持主權及行政之完整為最低限度；在經濟上，以互惠平等為合作原則」適相符合。

惟關於善鄰友好，包括滿洲問題，此為九一八以來中日之間所久懸未決者。惟上屆大會宣言中既已明示「謀東北四省問題之合理解決」，蔣同志在大會中對於此點加以說明，謂「日本如能保障在東北問題解決以後，不再侵犯我領土主權，則個人可以挺身負責，使此問題得到合理的解決。」

今日本對於中國之領土主權既有如此之聲明，則謀東北四省問題之合理的解決，中國自當履行諾言，以期貫徹善鄰友好之目的。凡此三者，本屆大會決定之原則至其具體方案，當由國民政府以交涉方式悉心釐訂，以求適當。要之，合於正義之和平，已因中日兩國之相互了解而得其途徑。

本屆大會特鄭重宣布，自今以後，當易「抗戰建國」之口號為「和平建國」；且鑒於共匪之死灰復燃、為禍未已，特再鄭重宣布，以反共為和平建國之必要工作。蓋和平所以順利建國之進行，反共則所以掃除建國之障礙。望海內外同胞共喻此旨，在共同信仰的三民主義之下，竭其能力以完成此重大之使命。本屆大會更對於外交、內政一切重大方針加以檢討，宣布如左：

關於外交，上屆大會宣言中曾明白提出「中國今日對外關係，惟當謹守以下兩原則：其一、對於曾經參加之維持國際和平之條約，必確實遵守；其二、對於世界各國既存之友誼，必繼續不懈，且當更求其增進。」並對於當時流行之人民陣線論加以指正，其言至為痛切。惟人民陣線論者，陽襲救國之名、陰則追隨共匪之後。仍鼓其謬說，甚至創為世界大戰爆發，其結果必有利於我之讕言。

「此對於中國為不忠，對於世界為不仁。最近國際關係之劇變，更足使此等讕言已窮於辭。尤足使中國國民認識彼追循國際陣線之外交政策，直將陷國家民族於萬劫不復之地。蓋中國為積弱之國家，斷無實力以縱橫捭闔於世界列強之間、隨其瞬息變遷之離合，以決大計；尤無實力妄冀遠交近攻，以取勝利。充其所至，徒使戰則無同盟之援助、和則受外來之牽制，惟有任東亞相與為鄰之兩大民族，共受其禍而不能自已。非獨不忠不仁，抑且不智。不忠、不仁、不智，不特不齒於中國之國民，且不齒於世界之人類。」

故中國今後外交方針，當謹守上屆大會所示之兩原則，以謀國際關係之維持、各國友誼之增進、以及各國在華正當權益之安全發達，而益之以睦鄰

友好。庶幾可由東亞之和平而得到世界之和平，不惟遠交近攻之策絕對屏斥，一切合縱連橫之技亦無所施。必如此，然後對內得以自立、對外得以共存也。

關於內政，上屆大會宣言中明示內政方針。實與外交方針相為表裏，而皆以三民主義為最高指導原理。其關於民族主義者，上屆大會宣言中引第一屆大會宣言，說明「民族主義有兩方面之意義，一則中國民族自求解放，二則中國境內各民族一律平等」。

所謂「中國民族自求解放」乃對外而言，中國所求為自拔於次殖民地之地位，故「廢除不平等條約」為「求中國之自由平等」之必要途徑；所謂「中國境內各民族一律平等」乃對內而言，第一屆大會中已對於諸少數民族有組織自由統一的（各民族自由聯合的）國家之諾言矣。本屆大會對此，惟有以前後一致之精神，期其貫徹。其關於民權主義者，上屆大會宣言中提出「組織民眾、訓練民眾，為發展民力之必要工作，亦為增進民權之必要條件」，亦為本屆大會所當繼續力行者。

惟上屆大會宣言中，關於政治機構，有謂「戰爭既起，第五次全國代表大會所議決，關於國民大會之召集、憲法之制定頒布，不得已而延期。政府此時惟有依據國民會議所制定頒布之約法，以行使治權」，並謂「應設置國民參政機關，俾集中全國賢智之士以參與大計」。本屆大會檢討國民參政會成立以來之結果，深覺有名無實。蓋個人獨裁變本加厲，中央同志已無討論之自由，國民參政會形同虛設，亦固其所宜。且即以國民參政會之職權而論，亦未能舉參與大計之實。

本屆大會特鄭重宣布，授權汪同志延請國內賢智之士，參加中央政治委員會。前此中央政治委員會為政治之最高指導機關，其人選限於黨員。今當破除此例，以收集中全國人才之效；並鄭重宣布，除共產黨外，凡屬人民，皆當有集會、結社、言論、出版之自由。本黨願以至誠，聯合全國有志之士、不分派別，共同擔負收拾時局之責任。而尤為切要者，則戰爭既息，國民大會之

召集、憲法之制定頒布，已無延期之必要。務於最短期間，使全國和平得以實現、國民大會得以召集、憲法得以制定頒布。結束訓政、開始憲政，以完成民權主義之階段。

其關於民生主義者，上屆大會宣言中申明總理遺教，諄諄以消弭階級鬥爭為念，其言固已深切。本屆大會當共產黨人野心復熾之日，不得不再有所申明。蓋共產黨人往往截取民生主義第一講中「民生主義，就是共產主義」一語，以為其行動之護符。殊不知民生主義第一講原文為「民生主義就是社會主義，又名共產主義，即是大同主義」，本為泛指「梳西利甚」[13]而言，非指馬克思之共產主義而言。其意甚明，豈容附會？

且民生主義自第一講以下，詳細講述民生主義與馬克斯之共產主義之異同。馬克思之共產主義以物質為中心；民生主義以民生為中心。馬克思之共產主義以階級鬥爭為社會進化的動力；民生主義的階級鬥爭為社會病態、階級合作為社會生理的常態。馬克思之共產主義主張以社會革命改造社會經濟；民生主義主張以和平方法改造社會經濟。故其見諸政策者，馬克思之共產主義主張沒收一切工業私有權；民生主義則提倡節制資本，凡工業之宜於國營者以國家資本任之、宜於私人企業者以私人資本任之，而國家以法律為之保護。馬克思之共產主義主張沒收一切土地私有權；民生主義則反對沒收方法，而採取平均地權的和平方法。

由此可見，民生主義與馬克思之共產主義，在理論上固根本不同、在方法上更相水火。馬克思之共產主義，其學理與政策所有弱點至今日已盡暴於世，而世亦無有一國家實行馬克思之共產主義者。蘇聯之新經濟政策與五年經濟計劃，其去馬克思之共產主義，已不可以道理計；況乎共匪惟知以殺人放火，為李自成、張獻忠之續。附會馬克思之共產主義已為不倫，牽合民生主義，益以見其心勞日絀而已。中國今日以後，以「和平、反共、建國」之必要

---

13 即 socialism

工作。對於民生方面，惟有在理論上篤守民生主義、在方法上力行實業計劃。既不蹈襲私人資本主義的窠臼，尤不與馬克思之共產主義有所關涉。此則上屆大會所已宣示於國人，而本屆大會尤不憚鄭重以申明之者也。

外交內政如上所述，其關於教育思想者，上屆大會宣言中提出二條。一為道德修養、一為科學運動，此在和平反共期間尤為重要。共匪之物質觀念，舉凡人類崇高和平之理想，悉被唾棄。其結果將使人類淪於禽獸，而其愚民政策尤與科學運動背道而馳。簡單之標語、籠統之口號，最為科學運動所不容，亦最為共匪所利用，以為殺人放火之工具。今以道德修養提高社會互助精神，排除階級鬥爭思想；以科學運動提高求知起信精神，排除盲從、脅從思想。和平反共之成功，必有賴於此。

尤有進者，近年以來，中國之民族意識日益普及而堅強。此為中國之進步，亦世界之所同認。然因此之故，對於中國之民族意識，有欲及其萌芽而加以摧殘者，亦有欲利用之以遂其陰謀大欲者。此為中國近年以來所逢之厄運，識者之所引為深憂。今者，中國於創巨痛深之後，知非和平不能建國、非反共不能和平，彼懷挾陰謀者已無所逞。今日以後，中國惟有本於三民主義之指示，以至誠發揚固有之道德、以虛心勇氣翕受現代之文化，使生長成熟中之民族意識，內則為自立之楨幹、外則為共存之柱石。中國決不以狹隘的愛國主義自囿，而陷於排外思想之歧途。同時亦望我鄰國暨諸友邦共明此旨，以兼相愛、交相利之精神相與努力，以期於東亞和平暨世界和平有所貢獻。

本屆大會檢討過去一年有餘之經過，對於中國現狀及外交、內政一切進行情形，有不能不鄭重聲明者。

本黨同志追隨總理，致力國民革命，至今已五十餘年。所擔負者為歷史上之使命，以求中國之自由、平等為職志。乃自蔣執政以來，對內則未能根據建國大綱，使三民主義逐步實現；對外則未能防禍未然以至事變猝發、又未能及時挽救以致日益擴大。言念及此，至為痛心。今日以前，吾人認非「抗

戰」無以建國。集其精力、艱難奮鬥，無時不準備犧牲一己，以為國家、為民族；今日以後，吾人認非「和平反共」無以建國。其事業之艱鉅，一己所受之勞苦與所冒之危險，較之抗戰更為嚴重。蓋和平運動正在開始，能否得有效果，全視乎吾人之努力如何。日本政府之聲明為其固定之國策，亦為其一致之輿論，吾人固不應加以無端臆測。惟吾人不可不以全力謀其原則之實現，以及各種具體方案之斟酌改善。

此外，則戰後收拾，亦非易言。現在全國人民無論所履何地，皆在水深火熱之中。抗戰時代必要之犧牲，固無所憾；然因政府措置不善以及共匪從中作祟，使大多數人民之生命財產斷送於無益之消耗。民力疲敝、國力隨之，若不恢復，國家民族何以能自立於世界？本黨同志當以極大之決心與勇氣，從事自責、從事自任。

本黨同志必須認識，數年以來，黨已失去民主集權之制度精神，而日益趨於個人獨裁，此實為一切敗壞之原因。當危急存亡之際，為應付事機，固當授權於有德望才力之同志，使行動得以敏捷，但其基礎仍在民主。必有健全之民主組織，乃能有敏捷之集權行動。故自由意志與紀律實當並重，必如是，然後黨乃能集中意識、集中力量；必如是，然後黨乃能不斷的吸收有獨立見解及自由思想之份子以同負責任，遇事乃能有真實之認識、堅決之行動。至於個人獨裁之下，則但有盲從與脅從，其結果仍一盤散沙而已。同時黨的組織與訓練必須健全，然後能領導民眾，從事於民眾組織、民眾訓練。而黨的活動尤必須涵於民眾活動之中，然後黨與民眾之間始無隔閡。

要之，本黨同志當此厄運、逢此鞠凶，自責不可不嚴、自任不可不重。過去之使命，本黨同志當繼續擔負；當前之困難，本黨同志尤當努力克服。但求能挽國家民族於將亡而致力於復興，自可無愧先烈、無負子孫，此外一切生死、禍福、榮辱、毀譽皆當置之度外。黨內之能精誠團結，胥繫於此。

而對於全國有志之士能真實合作，向「和平、反共、建國」之目的攜手前進，亦胥繫於此也。

　　自蘆溝橋事變以來，舉國一致，出於抗戰。其最高目的，在於蘄致合於正義之和平。迄於今日，雖戰事未息，而和平已見其曙光。本屆大會謹以滿腔誠悃，對於為國犧牲之同胞，致其哀悼；同時對於為和平運動獻身協力之同胞，致其敬禮。今日以後，更當一其心志、齊其步驟，以致力於和平之實現、憲政之實施，使三民主義的中華民國確立於東亞、確立於世界。

出處：

- 汪精衛，〈中國國民黨第六次全國代表大會宣言〉，《華南公論》第一卷（1939年），頁248–255。
- 汪精衛，〈中國國民黨第六次全國代表大會宣言〉，《時代文選》第七期（1939年），頁41–44。

致海內外諸同志電

一九三九年九月一日

八月廿八日開幕至三十日閉幕之國民黨第六次全國代表大會發表後，汪精衛氏決定本和平反共之新政策，與鄰邦互相提攜，以期實現東亞之永久和平。對於重慶黨府之容共聯蘇並曲解民生主義之理論，加以辯斥。自八千言之宣言發表後，上海及四郊之民眾，猶如大旱之望雲霓；一時和平呼聲，猶如怒濤澎湃。其他不甘雌伏之黨派亦均立起響應，並要求與國民黨提攜，共樹永久之和平。在此種空氣下，一般祕密組織之黨派亦暗中活躍，並聲明各黨各派之領導和平運動者，與國民黨呼應，以期共同促進中央政府之實現。六全大會閉幕後，國民黨並將於不久召集一中全會，而由中央政治會議出席之委員中選出，聞將在籌備中云。汪精衛今日發表通電云：

海內外諸同志公鑒：

　　讀〈第六屆全國代表大會宣言〉暨各種重要決議案，知數月以來，諸同志呼號奔走、函電交馳，鄭重之建議、熱烈之主張均已獲預期之效果，至深欣慰！對於中國前途，應取之方針及本黨應負之使命。有此明白之指示，吾人奮鬥得所正鵠，尤用感奮。兆銘無狀，忝受付託，惟當與諸同志一致努力，期使宣言暨各種重要決議案一字一句，見之實施。謹掬至誠，貢其所見，以自策勵，並以相期勗，惟垂察焉。

　　當本屆大會開會之際，正國際關係劇變之時。抗戰以來，人民陣線論者附和共產黨人、作為種種臆說，本黨真實同志久已深斥其非。茲者，德蘇締結互不侵犯條約。彼輩向來所持侵略、反侵略兩大陣線對立之說，至此當亦啞

然失措。乃猶不知反省，更造為反共勢力已趨於妥協之說。須知既可以與共產勢力妥協責德，又何不可以與反共產勢力妥協責蘇？其為支離，不值斥駁。尤有進者，國內反共與國際防共，絕非同物。況吾人既欲建設三民主義的中華民國，則共產思想尤在所必摒。

本黨在十四、五年間雖曾一度容共，然自十六年分共以後，鑑於共禍之烈將底於國亡種滅，不惜舉全國之兵力、財力從事剿共。除極少數人因西安事變別有用心之外，無不以根絕赤禍為職志。蓋社會合作為和平之本，階級鬥爭則擾亂之源，兩者水火不能相容。由是以言，國際關係雖有劇變之時，而本黨之主義政策自有其一定不變者以應之。綜括宣言所示，非根絕赤禍，無以維持國內之和平；非與日本協力，無以維持東亞之和平；非與各國增進友誼，無以維持世界之和平。吾人目標既定，循此進行，以底於成，有斷然者。

中國戰前，民力國力皆未充實，戰後疲敝、民不聊生，國靡所託。吾人所以於戰爭之中求和平，即欲於和平之中求完成三民主義之建設。「建國之首要在民生」，總理所諄諄為吾人告者，在今日尤為當務之急。民生疾苦如何解除？民生幸福如何增進？吾人惟有悉力以赴。庶幾和平可得代價，此則又當鄭重為諸同志告者也。重慶方面，大多數之同志為獨裁勢力及共產勢力所挾持，言論行動不能自由。對於本屆大會宣言暨各種重要決議案雖衷心接受，而倉猝之際尚不能形之事實。此中隱痛，兆銘知之最深、念之最切。惟有一比較簡易可行之方法，如前方之武裝同志能揭示「和平、反共、建國」之主張，則既可保其原有之兵力與未失之土地，又可外與吾人之和平運動相呼應、內以促獨裁勢力與共產勢力之沒落。為效之捷，莫踰於此。

頗聞有人對於中日合作之前途，以有無誠意為慮。須知誠意由於兩方努力而見，且由於兩方不斷之努力而有所增益，決非可以觀望得之者。兆銘六月間曾赴東京，與日本當局交換意見。平沼首相為兆銘言：「凡爾賽條約為勝敗之成見及功利思想所充塞，其結果釀成今日歐洲擾攘之局，並所手創之國際

聯盟亦不能保。日本此次對於和平條件，則以道義觀念代功利思想。對於中國，不惟無勝敗之成見，且具有同憂患、共安樂之誠意；必如是，東亞永久之和平始能鞏固其基礎」云云，其言至誠懇而真摯。

自「近衛聲明」以來，內閣雖屢有更迭，而已定之國策不因之而變易，此實有其必然性。凡留心東亞局勢者，不可不深求其故、得真實之認識，而繼之以勇猛精進之實行，以期成此至艱至鉅之事業。兆銘對於過去之事變未能及早挽回、對於當前之難局未能及早收拾，撫躬自問、午夜旁皇。惟責任所在，義無可辭。誓當竭其心力，以民主集權之精神，團結黨內；以實行憲政之約束，與全國各黨各派、無黨無派有志之士攜手合作，以救國家、以救民族。生不負本屆大會之所託、不辜諸同志之所望，死有以對總理及諸先烈。

臨電感奮，不盡欲言。汪兆銘。東[14]。

出處：

- 〈再發通電呼籲和平〉，《南京新報》（南京），1939年9月3日，版6。
- 南京國民政府宣傳部編，《汪主席和平建國言論集》上卷（南京：國民政府宣傳部，1940年），頁75–78。

---

14 即一日

歐戰與中國之前途

一九三九年九月五日

　　數年以來，歐洲各國準備戰爭與避免戰爭兩個錘子，總是動搖不定。到了最近，戰爭終於不能避免而爆發起來了。中國人民正受著戰禍，對於同受戰禍的歐洲各國人民，只有抱着十二分同情，而望其戰禍之早熄。

　　決定這回戰爭的最近、最直接的原因，自然是德蘇協定。論起德蘇協定，在德國呢，對於反共軸心，不免背棄信義之嫌。但數月以來，英、法、蘇軍事同盟大吹大擂，使德國觸目驚心、要打破包圍形勢，免得再蹈上次大戰的覆轍，所以出於這樣鋌而走險的行為，也還有些可以自解；在蘇聯呢，對於民主集團，也不免背棄信義之嫌，好在民主集團不過是這麼一個名詞，蘇聯其實也不是什麼民主。

　　只是蘇聯這一次如果事前不大吹大擂，在莫斯科開什麼英、法、蘇軍事同盟會議，則德國也不至走這險着；如果英、法、蘇軍事同盟會議開不成功，只要不締結什麼德蘇協定，德國也不至於走這險着。如此，則歐戰仍然不致於爆發。蘇聯為什麼如此做法？分明是要使歐戰爆發，這是毫無疑義的。歐戰爆發之後，依據上次大戰經驗，戰敗的國家固然吃虧、戰勝的國家也沒便宜，惟有最後出來的國家纔操有決定一切命運之權，這是誰也羨慕的事。

　　只是這次與上次大戰不同。上次大戰最後出來的只有一個美國，而今呢？除了蘇聯之外，還有美國、還有日本。此其一；何況意大利是一個反共的國家，如果蘇聯最後出來決定歐洲命運，意大利何能坐視？此其二；英、法這次被賣已很夠受了，難道眼睜睜的上當？此其三；德國也是一個反共的國家，

走這險着，只是萬不得已，難道不知為備？此其四。有此四者，則前途變化如何，此時尚難逆料。

各國都是為自己打算，蘇聯之所以出此自然也是為自己打算。是非曲直我不欲加以批評，我所注意的是各國如何對付共產黨。

共產黨人是不知有自己國家，不肯為自己國家打算的。如今英、法對德作戰，英、法國內的共產黨人怎樣、德國內的共產黨人怎樣，英、法、德總不能不關心罷。拿我個人的經驗來說，自從抗戰以來，最使我痛苦的一件事是有共產黨人夾雜在裏頭。他們的抗戰是為第三國際而抗戰，不是為中國而抗戰；他們只知有第三國際，不知有中國；只知為第三國際打算，不知為中國打算。一切言論、一切行事，都是由此出發的。因此之故，我和他們無論怎樣不能在一塊。我之離開重慶，十之八九是為有共產黨人夾雜在裏頭，弄得抗戰的空氣變了質了。這樣抗戰下去，敗則中國實受其禍，成則受其福者不是中國。這樣愈抗戰下去，中國亡得愈快。這是我離開重慶的原因。

我願意、英、法、德諸國人民知道，這滋味不是好嚐的！自從歐戰消息到來之後，一般人未嘗不想着，日本大可趁英、法在西方打仗的時候，毫不費力的將英、法在東方的殖民地拿了過來。然而日本卻對歐戰宣告中立，這是什麼緣故呢？日本知道如此做法，英、法必然狼狽。其結果促成德的勝利、也就是促成蘇的勝利，不難一轉瞬間使整個歐洲成為赤化。所以日本寧可宣告中立，不使英、法東西不遑兼顧。日本看到這一層，英、法定然也看到這一層，德也未嘗不看到這一層。

所以這一場戰，或者會把英、法與日本聯合起來；意本來反對共產的，也可聯合起來；美素來反對共產的，即不聯合起來，也必然不會加以反對。其結果德則廢然知返，蘇則落一場空。前途變化如何縱未可知，但有這可能的。

　　所以中國在此時候，唯一方法，是與日本從速恢復和平。這在日本有其必要，而在中國尤有其必要。因為日本在此時候，自然想得些從容的時間，保持着而且擴充着優越的國力，來應付世界無窮之變；而中國在此時候，也只有早一日結束戰爭、早一日得從事於恢復，以完成建國的工作，纔不致在世界的漩渦中被捲了進去，這是極平常而又極明顯的道理。

　　有人以為中國在此時候，應該對日本抗戰到底，方纔可以得到最後勝利。這種説法，在從前是根據着一種茫昧的揣測來下魯莽的判斷。以為英、法、美、蘇在一起，日、德、意在一起；前者是民主集團、反侵略陣線，後者是法西斯集團、侵略陣線。交戰起來，前者必勝、後者必敗，中國站在前者一方面，所以最後勝利必然可得。可是這種説法在今日已不值一駁了。

　　集團已不成其為集團、陣線亦已不成其為陣線了。誰勝誰敗縱未可知，而勝敗的結果其及於中國之影響，必然不是那麼簡單了。然則抗戰到底、最後勝利，其論據安在？如果説只是中國和日本抗戰到底，日本也必不得了。須知道，日本也許不得了，而中國必然更不得了。這又有什麼好處呢？我向來説，如果和平有了希望、如果和平的條件無害於中國之獨立自由，則和平早一日是一日。如今我還是這樣説，而且更堅決、更肯定的這樣説。中國在此時候，只有和平，纔是出路。

出處：

- 汪精衛，〈歐戰與中國之前途〉，《時代文選》第七期（1939年），頁9–11。
- 中山樵夫編，《汪兆銘言論集》（東京：三省堂，1939年），頁97–101。
- 南京國民政府宣傳部編，《汪主席和平建國言論集》上卷（南京：國民政府宣傳部，1940年），頁79–82。

致重慶諸同志篠電

一九三九年九月十七日

重慶諸同志均鑒：

以抗戰勝利之希望，寄託於國際援助，弟等久已痛言其非。

歐戰既起，情勢愈顯。論者猶謂英、法雖無暇東顧，蘇聯仍可恃；今則德、蘇夾攻波蘭，又見告急矣。強國之風雲變幻，其不測既如彼；弱國之遠交近攻，其受禍又如此。瞻念前途，能不憬然！

諸同志之意，或以為和平本中國所願。惟日本所提和平條件是否有誠意實行，不能無疑。弟等則以為實行與否，視乎雙方之誠意與努力而已。誠使各自懷抱目的，一方以勝利而進不知止，一方以戰敗而苟且圖存或隱忍以謀復仇，則和平之果未收而戰爭之因復種，其無意義可以斷言。如彼此立共同之目的，以為共同之努力，則共存共榮不惟可能，抑且必要。

東亞受經濟侵略主義之毒於今百年矣，最近共產主義流毒尤迅而且烈。中日兩國當此世界危疑震撼之時，宜深相結合。不以東亞納此漩渦之中，同時使經濟侵略主義及共產主義絕跡於東亞之天地，自必事半功倍。且中日兩國若於此時結束戰事、開導和平，日本固可以舉足輕重之地位，博取經濟上之繁榮；中國尤可因此休養生息，謀工商業之發達，以恢復戰後疲敝，而完成三民主義的中華民國之建設。

從此更可再進一步，本和平之素願，由東亞永久之和平而漸致世界之和平。此真中日兩國人民最大之事業，亦最重之責任也。要而言之，中日宜有

共同之目的，以為共同之努力，和平始可實現。盼諸同志認清前進路綫，毅然改圖，悉力以赴之。救中國於垂亡，致東亞於長治久安，在此一舉。謹布腹心，惟共鑒之。汪兆銘。篠（十七日）

出處：

- 汪精衛，〈致重慶諸同志篠電〉，《時代文選》第八、九期（1939年），頁4。
- 南京國民政府宣傳部編，《汪主席和平建國言論集》上卷（南京：國民政府宣傳部，1940年），頁91–92。

致日本近衛公爵函（二）

一九三九年九月二十四日

近衛公爵閣下：

　　六月間得再晤尊顏，並暢聆教言，深為東亞前途生無限光明希望。回國以後，團結同志，本於向來主張暨在東京與閣下及當局諸公討論所得，黽勉進行。數月以來，稍有進展，可慰錦注。歐戰爆發，兵凶戰危；世界人類，同罹塗炭。鑒於現狀，益知當亟謀東亞之和平，然後始能奠世界之和平。乘此邁進，庶幾孫先生之「大亞洲主義」得以貫徹，而閣下去冬聲明及弟之響應，當可目睹其實現矣。敝國有志之士已深切覺悟，對於東亞和平有分擔之責任。而戰後疲敝，國力民力有待充實，非完全回復國家之獨立自由不能有分擔此責任之能力，此為目前憂慮之焦點。閣下深識偉抱，知有以扶助而匡益之也。茲托周佛海同志前來敷陳悃愊，尚祈延見，並祈不吝指教，是所馨禱。專此，敬請

　　勛安

汪兆銘謹啟
九月廿四日

出處：

- 汪精衛，〈致日本近衛公爵函（二）〉，《檔案與歷史》第二期（1998年），頁46。

第六次全國代表大會宣言之解釋

一九三九年十二月二十五日

在中央陸軍軍官訓練團講

各位同志！

今天所要講的是中國國民黨第六次全國代表大會宣言的解釋。

中國國民黨前後共總有七次的全國代表大會，從第一次到第六次，中間還有一回是臨時的。每一次的代表大會都有宣言，兄弟可以老實告訴各位，這七次的全國代表大會宣言，有四次是兄弟起草的。所以對於大會宣言的前後，兄弟比較可以說曉得清楚一點。當然並不是說起草的人的話就是對的，因為起草雖然是由一個人起草，但是經過大會通過，就是大會公共的意思，而不是原起草人一個人的意思了。不過原起草人的意思解釋出來，總可以給各位同志作一個參考。

現在先說第一次全國代表大會。第一次全國代表大會，是民國十三年正月在廣州開的。那時候，總理孫先生親自指導。在大會以前，曾經指定四個起草的人，一個是胡漢民先生、一個是廖仲凱先生、一個是戴季陶先生、一個是兄弟。四個人商量之後，是由兄弟起草的。那時候的精神在那裏呢？我們先看看環境好了。

我們大家都應該明瞭國民革命之目的，是始終如一、不能夠變更的。然而按着一時一時的環境，來定這一時一時前進的方針，卻是必要的。我們一定要明白那時候的環境，我們才能夠明白那時候的方針為什麼如此定法。

民國十三年正月，那時候的環境是怎麼樣呢？那時候，國際上就是華盛頓會議，在民國十年閉幕。大家總以為世界上可以得一個暫時的安定，因此中國北洋的軍閥以為在這個國際環境之中，很可以苟延他們這種殘喘。同時，革命呢？革命的根據地只剩了廣州這一塊。廣州之外，東江，是陳炯明的；南路，是陳炯明的部下鄧本殷的；北江，那時候北洋軍閥常常由江西來窺伺。可以說那時候革命根據地，只在廣州這一小塊地方。

因此，那時候所注重的是什麼呢？就是團結革命的同志、提高革命的情緒、把革命的目的顯明，使大家曉得這種的國際環境、這種的國內環境，非打破不可。用全副精神，在那方面，來破除帝國主義的迷夢、破除北洋軍閥的惡勢力，伸張革命的勢力。拿廣州這個革命的基礎，把革命的勢力擴張起來。

這個第一次全國代表大會的方針，是在這裏的。這個宣言呢，就是根據這個方針，說明白那時候的環境、說明白那時候的態度。說明白我們根據這小小一塊革命根據的廣州，要來打破全國的反革命，這就是第一次全國代表大會那時候最重要的意義。

第二次全國代表大會呢？是在民國十五年正月開的。那時候起草的人呢？當時大會推定兄弟。那時候的環境是怎麼樣呢？

民國十四年三月十二日，總理孫先生去世了，跟着廣州就有討伐那些反革命、肅清廣州附近那些反革命的事實。在民國十四年的冬天，差不多廣東東江、北江、南路、西江都平定了，同時廣西的李宗仁、黃紹雄、白崇禧諸同志也傾向過來了，湖南的唐生智同志也傾向過來了。所以那時候的環境，比起十三年正月開第一次代表大會的時候，好得多了。經了兩年的醞釀，革命的目的大家多曉得了，革命的宣傳都比較擴展了。同時革命的根據地，已經由廣州一小塊地方，到了廣東、廣西兩省這樣大了。那時候唯一的目的是怎麼樣呢？就是要把革命的勢力伸張出去。北伐、準備北伐，這就是民國十五年正月時候的環境。

根據這個環境，決定我們應該做的工作、做我們第二次全國代表大會的工作的基礎，由這個目的來起草第二次全國代表大會宣言。所以第二次全國代表大會宣言，是全部繼續第一次全國代表大會的宣言，並沒有更改一點。因為第一次全國代表大會宣言，是總理親自指導我們的。總理逝世不過一年，所定的方針用不着改，只要照着這個方針繼續往前進就是了。

現在各位試把當時第二次全國代表大會宣言看一看，就可以明瞭了。那是繼續第一次代表大會宣言，把革命的勢力，由基礎堅固而擴張到全國去。第二次代表大會宣言的精神，就在這裏的。

第三次全國代表大會在什麼時候開呢？是在民國十八年。我們知道那時是很危險了，為什麼呢？你看十三年開第一次代表大會，兩年之後，十五年就開了第二次代表大會了。然則第三次代表大會應該十七年就開了，為什麼要遲到十八年呢？

那是黨已經分裂了，分共以後再來一個甯漢分裂，由甯漢分裂弄到黨的分裂。第三次全國代表大會是在南京開的，在開之前就已經醞釀黨內的紛爭，在開以後更不用說。立刻就是打廣西啦、打湖北啦、打北方各省啦，各方面內亂的事情就發生了。

第三次全國代表大會宣言是誰起草的呢？兄弟不曉得，因為那時候兄弟是反對南京這種非法召集第三次代表大會的。法律上的理由現在不用說了，那時候我反對的，是反對蔣介石拿個人獨裁的觀念發出黨內的紛爭。

現在請各位看看，第三次全國代表大會宣言，完全是黨內分裂的一個現象。這一點呢，因為本人並沒有參與，不願意多批評。不過我們就可以確定，第三次全國代表大會的宣言，是為黨內的紛爭而發出的。

第四次全國代表大會是幾時開的呢？是在民國二十年十二月底開的，也在南京開的。那時候就是九一八以後，要講全國精誠團結、全黨的同志合作。所以第四次全國代表大會，就是要把十八年以來黨內紛爭的局面，給他做一個結束。大家精誠團結，來共赴國難。

第四次全國代表大會宣言是那一位起草的呢？兄弟不曉得。因為那時候兄弟還在上海，並沒有在南京。不過我們看第四次全國代表大會的宣言，曉得他是適應那時的環境的。那時是國難發生了，全國要講精誠團結了、全黨也得要講精誠團結了。

所以第四次全國代表大會宣言，目的就是在這一點的。我們看那時候最重要的是什麼？大家還是忍辱負重來應付國難，這種的精神在第四次全國代表大會宣言中，很可以看得清楚的。由第四次全國代表大會以後，就是到第五次了。

第五次全國代表大會是在二十四年十一月開的。第五次全國代表大會開會的時候，兄弟因為受傷，兄弟是在十一月一號受傷的，所以第五次全國代表大會兄弟沒有參加。不過兄弟曉得第五次全國代表大會宣言的起草人是誰呢！就是戴季陶先生。他那篇宣言裏頭有一點很重要的，就是說「和平沒有到完全絕望的時候，決不放棄和平；犧牲沒有到最後關頭的時候，決不輕言犧牲。」有這幾句。這個意思從那裏來呢？我們要看清楚那時候的環境了。

自從二十年九月十八日國難發生，到這時候已經五年了。大家總是要想辦法，本於忍辱負重的精神，來維持國家的生命。在第五次全國代表大會開會的時候，正是冀東獨立、全國非常危急的時候。第五次全國代表大會還是跟着第四次全國代表大會的精神，不願意隨便就同日本決裂。這個是什麼原故呢？就是看見國本還沒有鞏固、國力還沒有充實，不能夠隨便把國家來做孤注，所以才有那幾句説話。

這個就是第五次全國代表大會宣言最大的用意，也就是適合當時的環境的。二十四年十一月開了第五次全國代表大會之後，二十五年一年還是跟着這方針走的。看了二十五年所開的許多次的中央執行委員會全體會議，便可以知道了。

到二十六年七月蘆溝橋事變發生以後，**二十七年四月在武漢開一個臨時全國代表大會。**為什麼叫臨時呢？並不是說不應該開，因為我們是兩年開一次大會的。二十四年年底開了，到二十七年年頭當然應該再開。但是當時因為打仗的原故，召集得很匆促，所以就是開一個臨時全國代表大會。

在這個臨時全國代表大會開會的時候，兄弟所起草的大會的宣言是怎麼樣呢？就是根據二十四年的第五次全國代表大會的方針來做的。我們把為什麼抗戰的原因說出來，我們把我們對於和平的希望及和平的條件也說出來。說明白如果達到這個和平的希望，我們就恢復和平；達不到，我們就繼續抗戰。在這臨時全國代表大會宣言裏頭，從第一段到第三段，說得很清楚的。以下就是關乎內政、外交、教育各種問題都有說到。

那時候的環境是怎麼樣的呢？二十六年十二月南京已經陷落了，二十七年四月的時候徐州也很緊急。大家曉得這個局面是很危急的時候，在武漢大家要做一個拚命來支持。不過自家曉得國力及各種的關係，去年蘆溝橋的打仗真是一個不得已的，所以不能不把這個抗戰的目的來申明，再不能不把和平的條件來申明。說明白那些是我們堅持不能讓步的、那些是非讓步不可的，我們都已經明白說了。

各位看一看臨時全國代表大會宣言裏頭的話，就可以明白當時的宣言，為的是適應了當時的環境，來定這個方針的。

第六次全國代表大會呢？ 就是今年八月在上海開的。為什麼可以在上海開呢？不是黨章規定非在首都所在地不可嗎？這個平時是如此，非常時期就不能以此為例了。臨時全國代表大會在武漢開，而首都是在重慶，因為二十六年十二月國民政府搬去重慶。說明白點，這不是遷都，這只是一個換地方辦公。因為打仗的時候，國家的首都在什麼地方不能夠同平常一樣，所以這一點在法理上沒有問題。

我們再來看看這宣言內容是怎麼樣呢？內容跟着臨時全國代表大會來的，就是剛才所說的話。如果和平條件達不到，我們還是抗戰；如果和平條件達得到，我們就恢復和平。這是同去年的臨時全國代表大會一線相沿的。各位看看，這宣言裏頭先後銜接、沒有中斷，等於第二次全國代表大會對於第一次全國代表大會一樣。各位看看，連體裁都是一樣的。最先說明白抗戰的目的，後來說到和平條件的達到，後來列舉三民主義以及內政、外交、教育，說話完全是一貫的。

這為什麼？這也是根據環境來的。在臨時全國代表大會的時候，還沒有得到和平的條件，當然還是要一邊抗戰、一邊希望和平。到現在，和平條件已經得到了，我們就要實現和平。這就是說兩次代表大會的宣言，不只沒有矛盾，並且沒有不聯結的。然則，現在是那一個違背臨時全國代表大會所定的方針呢？第六次全國代表大會，是跟着臨時全國代表大會宣言而來的。各位如果把兩次的宣言從頭到底看一遍，就可以明白了。

我總括說一句話，中國國民黨有七次全國代表大會。除了第三次兄弟不願說話之外，第一次、第二次、第四次、第五次、第六次都是一貫的，都是因時、因環境來定進行的方針。而這個方針，卻是本於國民革命原有的目的，前後是一致的、是連絡的，是因着時代的需要、環境的需要定出來的。我們同志，大家應該遵照歷次全國代表大會的宣言，以一致的努力、本着一貫的方針，猛向前進。

出處：

- 汪精衛，〈第六次全國代表大會宣言之解釋〉，《時代文選》第二卷第一期（1940年），頁22–24。

- 南京國民政府宣傳部編，《汪主席和平建國言論集》上卷（南京：國民政府宣傳部，1940年），頁131–138。

艷電書後

一九三九年十二月二十九日

　　去年今日我發表〈艷電〉，於今整整一年了。我為紀念去年今日起見，將〈艷電〉重讀一過。〈艷電〉的着重點在末後幾句「中日兩國壤地相接，善鄰友邦有其自然與必要。歷年以來，所以背道而馳，不可不深求其故，而各自明瞭其責任。」

　　中日兩國所以有幾十年來的糾紛以至於今日的戰爭，如果中國一方面只是説由於日本之侵略主義、日本一方面只是説由於中國之遠交近攻政策，那麼過去的原因不明，自然對於現在的問題不能解決，而將來的方法更無從談起。如果能「深求其故而各自明瞭其責任」，則可知道這種糾紛和戰爭對於「東亞幸福」、對於「太平洋之安寧秩序」及「世界之和平保障」都有害無利。那麼回過頭來、消釋前嫌，向着「東亞幸福」、「太平洋之安寧秩序」、「世界之和平保障」而共同努力，這纔是中日兩國的百年大計。凡是從事和平運動的，必須對於這一點有深切認識。不然，必不能從事和平運動。

　　和平運動的意義如上所述，我們看看這一年來的中日雙方的輿論。

　　在日本方面，一年以前早就有對於中日關係須加以重新檢討、重新確定之主張。自從「近衛聲明」以後，全國輿論更趨一致。所謂東亞協同體，其定義及其條理固然還沒有十分確定，但如「近衛聲明」中所説「日本盼望中國分擔建設東亞新秩序之任務」，中國要有能力纔能分擔此任務。所以對於中國尊重其主權並援助其完成獨立，俾之有分擔此任務的能力。這種基本意義，日本輿論與日本政府聲明是一致的。雖然我們有時也會從日本雜誌上或報紙上看

見一些相反的話頭，但在大體上是一致的。日本輿論能夠這樣，是和平運動的一大進展。

在中國方面，雖然仍有一部份高唱抗戰到底、最後勝利，但這是假的、這是受着壓力而不得不然的。所以凡是壓力所不及的地方，真輿論便出來了。已知道從根本上重新研究孫先生「大亞洲主義」之真精神、真面目之所在了，知道中國必須與日本攜手纔能內則完成中華民國之建設、外則同負保障東亞之責任了，這也不能不說是和平運動的一大進展。

根據了以上事實，我們相信、我們熱烈相信，和平運動的理論已經成熟、和平運動的成功必然到來。目前所餘的問題只是：和平原則如何纔能具體實現？和平方案如何纔能完成？這些問題固然重要，但是我們如果本着十二分自信和互信的決心、提出十二分的勇氣來進行，則一切困難必可衝破、一切荊棘必可掃除。

我如今還有幾句話，對主張抗戰到底、最後勝利的諸君說。諸君這些話不是老實話，最後勝利是渺茫的，諸君自己心裏知道。

先就國際形勢來說，諸君以前聽了陣線論的話，以為反侵略陣線與侵略陣綫必然決戰。決戰的結果，反侵略陣線必然勝利；勝利的結果，必然援助中國、制裁日本。所以中國只要抗戰到底，必然最後勝利。這種渺茫的論據，我們在一年以前不知把他駁過多少次了。至於歐戰發生則事實證明，再用不着我們來駁了。被諸君認為反侵略陣線領袖的蘇聯，已經和被諸君認為侵略陣線領袖的德國聯合起來、夾攻波蘭，並且由蘇聯單獨向芬蘭進攻了。諸君所假定的侵略陣線、反侵略陣線，已經因粉碎而空虛了。

在這時候，歐洲的交戰國家都是為自己着想，談不到援助別人。其對於中日戰事，將看日本對於歐戰的態度如何。如果日本傾向自己方面呢，自然盼望中日早早和好，俾日本得以全力來幫助他戰勝他的敵人；如果日本還沒有決定呢，則最好中日兵連禍結、無解無休，至少予日本以牽制，使之沒有餘力

傾向到他的敵人方面去。這種心事是顯然的，所謂各為其國，本來不足為奇。然則諸君所假定的援助，豈不又陷於空虛嗎？

還有一層，現在歐洲的交戰國家，誰是將來的戰勝者？誰是將來的戰敗者？目前雖然有種種揣測，但是那裏説得定呢？就軍事説，或者以為某方面海軍力優，某方面潛艇力優、空軍力優；就經濟説，或者以為某方面能持久、某方面不能持久。這些在目前雖可以揣測，而在將來則不可以揣測的。例如上次歐戰，俄國的革命、德國的革命雖然可以從歷史的趨勢上斷定其可能，然而是否必然發生及何時發生，則誰也不能斷定。然則諸君所假定的戰勝者，豈不又是渺茫嗎？

即使如諸君所假定，將來的戰勝者屬於諸君所盼望的方面了，然而那便斷得定援助中國嗎？而且這援助便斷得定有效嗎？例如上次歐戰結果，巴黎和會中國是何等的失望？而華盛頓會議也不過替九一八事變種下一個根子便了，試問於中國有何益處？然則諸君所假定的援助，又是渺茫了。

諸君只要把以上層層想過一遍，便可知道將抗戰到底、最後勝利寄託於國際援助，是如何的渺茫。這是不是忠於謀國者所宜出呢？

再就國內形勢來説，這一年來，又喪了多少師？失了多少地？説起來固然傷心，而最可傷心者，還莫過於舖張小勝、掩飾大敗。小勝不是決定的勝利，用不着舖張的。何況舖張起來，以圖欺騙人民，其心更不可問呢！大規模的反攻不用説了，而焦土戰、游擊戰，極其作用不過騷擾。須知騷擾事小、消耗事大，國力源於民力，民力耗盡、國力隨之，這豈是抗戰到底的辦法？最後勝利更不待言了。

共匪惡毒心腸，不必與言。諸君之中，定然有一部份懷着民族自殺政策的，認定國將亡了，不如舉其一切同歸於盡。如果國之亡無可救，我也和諸君一樣；如果國有可救，難道不應該以救國為先嗎？我們今日要為救國而死，不要只為殉國而死！

　　以上國際形勢、國內形勢，我在〈艷電〉中已經指出，到了今日更加證實。中國現在除了和平、沒有出路，所餘的只是和平原則能否實現、和平方案能否完成的問題了。我知道有許多人對於和平是盼望的，但是懷疑着和平原則能實現嗎？和平方案能完成嗎？於是存了一種念頭，以為目前姑且不說，等到和平原則已經實現、和平方案已經完成，那時候再來贊成和平，亦還未遲。

　　全國裏頭存着這種念頭的人可以說最多了，做個比方：辛亥以前，有許多人以為等到革命成功再來贊成革命，亦為未遲。其結果，等到革命成功再來贊成革命的人，十分之九是破壞革命的。如今又說等到和平成功再來贊成和平，則其將來為和平的破壞者，可以預決。為什麼呢？因為他對於革命、對於和平，根本沒有認識，所以其結果必然如此。

　　辛亥革命還只是國內的改革，如今的和平運動，如上所述，中國必須與日本攜手，纔能內則完成中華民國之建設、外則同負保障東亞之責任，這比之辛亥革命關係更大、工作更鉅。我們只要認定這是必要的，我們便要不顧一切的向前奮鬥。即使一時蹉跌、一時失敗，今日的蹉跌與失敗即是他日成功的基礎。我們何所用其徘徊瞻顧？

　　有人告訴我道「你須要得到具體的和平條件，方纔可以做和平運動。」這句話我只承認一半的對。因為具體的和平條件誠然是必要的，然而具體的和平條件之獲得，有待於和平運動。不但此也，獲得之後則其實現，也有待於和平運動。具體的和平條件，不會突然發生出來的。

　　總而言之，我對於和平運動是勇往直前的。如果眼見其成功，固然是國家之福；即不幸失敗，亦必為和平前途留下一些種子。因為中日兩國如果要共存共榮，終不能不向這條路走的，何妨由我來做這條路上的一顆石子、一粒泥沙。

有人說道：「為抗戰而死，不失為民族英雄；為和平運動而死，死了還受種種惡名。」哼！請你看看蘆溝橋事變以來，幾千百萬同胞的死骸堆在這裏，你還能有閒心替自己打算嗎？

末了，我記得一件舊事。我於庚戌三月在北京被捕的時候，警察在我身上搜出〈革命的決心〉幾篇文字，問我道：「帶這些文字做什麼？」我答道：「沒有什麼，這些文字，從前以墨寫出來的，如今想以血寫出來。」我今日想起當初和我一同坐飛機出重慶的曾仲鳴同志及首先勸我離開重慶的沈崧同志，我慚愧我到今日尚在人間！我誓以我所餘的熱血，貢獻於和平運動！

出處：

- 汪精衛，〈艷電書後〉，《時代文選》第二卷第一期（1940年），頁12–15。
- 南京國民政府宣傳部編，《汪主席和平建國言論集》上卷（南京：國民政府宣傳部，1940年），頁139–144。

七：從和平運動到組織政府
（一九三九至一九四〇年）

共同前進

一九四〇年一月一日

　　和平運動所要求的，不是一時的和平，是永久的和平。如何纔能得永久的和平呢？中日兩國，不但要把兩年有餘以來的戰爭現象，從根本上消滅了；並且要把幾十年以來的糾紛原因，從根本上消滅了。所以中日兩國，有把過去嫌猜疑忌的心理完全肅清、從頭幹起、向着一個共同目標而共同前進的必要。

　　所謂共同目標是什麼呢？我在〈中國與東亞〉[15]文中已經說過。一是廓清百年以來流毒於東亞的殖民主義，一是要拒絕二十年以來在世界猖獗着、尤其在東亞猖獗着的共產主義。這不是指那一個國家，而是指那一種主義。這兩種主義向思想上、組織上比較弱的民族國家進攻，中國因為積弱，所以被進攻的最利害。日本雖然能自強，但是東亞有一塊地方被進攻，無異日本被進攻。所謂共同防共，即是對於共產主義的拒絕；所謂經濟提攜，即是對於殖民地主義的廓清。這是中日兩國的共同目標，為中國、為日本、也為東亞。

　　中日兩國有了共同目標，便有了共存共榮的基礎了。可是如何纔可以向着這共同目標而共同前進呢？

　　中國現在所需要的，是國家民族之獨立生存、自由平等，這是毫無疑義的。中國的國家民族有了獨立生存、自由平等，纔能和日本分擔東亞安定與和平的責任，這也是毫無疑義的。然而中國必須注意到一個根本問題，即是中

---

15 汪精衛，〈中國與東亞〉，《時代文選》第八、九期（1939年），頁11–13。

國必須時時刻刻自覺為東亞之一員。中國的安定與和平，必須於東亞的安定與和平求之。因此，中國必須在外交上、在國防上，與日本採取同一方針；在經濟上，與日本根據着平等互惠的原則，實行有無相通、短長相補。這樣，東亞的安定與和平纔可獲得，而中國的安定與和平也隨之獲得。所以中國的建國事業，與東亞復興事業是要一致的。如果分離，中國的建國事業不會成功；如果背道而馳，更只有自投於失敗之途。

以上是中國必須注意的。同時，日本所必須注意的，也想略略的說幾句。

日本既然屬望中國分擔東亞安定與和平的責任，則不可不使中國能充分自由發揮其能力，以期能夠分擔此責任。日本是東亞的先進國，對於後進國的援助是日本應有的責任，可是援助與干涉是有極大分別的。援助是培養其能力之發達，干涉則是摧殘其能力之發達。日本如果採取干涉主義，不但不能啟發中國，自動的願與日本一致分擔東亞安定與和平的責任，並且會驅使中國與日本分離，甚至背道而馳。日本如屬望中國分擔東亞安定與和平的責任，則關於這一點必須注意。

中國的建國事業能與東亞復興事業相一致，日本能援助中國，俾之能完成其建國事業，並俾之能分擔東亞復興的責任，這樣中日兩國便可以向着共同目標而共同前進了。共產主義雖然猖獗，但是這種絕對的功利思想與東方的道德精神，終是格格不入的。只要中國能根據三民主義以完成中華民國之建設，則民生主義實現之日，亦即共產主義在中國完全消滅之日。因為共產主義以階級鬥爭為主旨，民生主義以社會合作為主旨，這是在根本上的不同；共產主義以絕對的排斥私有財產為目的，民生主義則以根據實業計劃、發展國家資本、保護私人資本為目的，這是在辦法上的不同。所以中國如能得到時間以實行民生主義，則共產主義必然絕跡。

　　至於殖民主義侵入中國，已及百年、根深蒂固，似非一朝一夕所能廓清。然而最近數十年來，尤其二十餘年來，中國的民族資本已經萌芽。這種民族資本固然還是很幼稚的，卻是培養起來，必然的成為中國經濟社會的基幹。日本如能與中國的民族資本互相提攜，以先進國的資格隨時加以援助，則從此廓清殖民地主義的勢力亦並非不可能的事，三民主義中的民族主義和民生主義都著眼於此的。

　　於此有附帶說明的，所謂廓清殖民地主義的勢力，並沒有排斥第三國正當權益的意味含在裏頭。中國實業計劃的完成，有待於外國資本及技術，這是極顯然的事。這與中日經濟提攜並沒有矛盾，因為中日經濟提攜的結果，中日之間，並無衝突；在這種關係上歡迎第三國的資本與技術，自然沒有矛盾。而且第三國的正當權益，必然因此而得到合理的保障與發達。

　　東亞的安定與和平，是世界的安定與和平之一部份。由東亞的安定與和平，進而為世界的安定與和平，更是世界人類所渴望的事。

出處：

- 汪精衛，〈共同前進〉，《時代文選》第十期（1940年），頁4–6。
- 南京國民政府宣傳部編，《汪主席和平建國言論集》上卷（南京：國民政府宣傳部，1940年），頁145–148。

和平運動之前途

一九四〇年一月一日

中華民二十九年元旦廣播演講辭

　　二十九年這一年，無疑的是和平運動由開始而到達於成功。前幾日我在〈艷電書後〉中已經有所說明了，如今再說幾句話、加以引申，作為二十九年獻歲發新的頌辭。

　　或者有人會問我道：「和平運動的意義，我們已經知道了。但是我們的實力如何呢？如果我們沒有實力，如何能擔負和平運動呢？」這種問法，我是很高興解答的。因為「不量力」是一件最可怕的事，我們最應該時時刻刻提心吊膽，不可忘卻「量力」兩個字，方纔能夠立國於東亞、立國於世界。

　　我對於所謂實力，想分析為兩部份：第一是軍事力量、第二是經濟力量。如今先說軍事力量。

　　如果說我們的軍事力量，夠不上做和平運動，那麼夠得上抗戰嗎？這真所謂不值一駁的。在蘆溝橋事變以前，我們如果知道量力，則應該誠意的、努力的調整中日關係，並且把軍事方針確定於防共這一點，那麼我們的軍事力量可以保存，而且可以發達；即在蘆溝橋事變以後，我們如果知道量力，在德國出來斡旋的時候，誠意的、努力的謀和平之實現，那麼軍事力量還不至過於消耗；即在「近衛聲明」以後，我們如果知道量力，誠意的、努力的以謀實現全面的和，那麼軍事力量雖然消耗，也還可以想法子來恢復。可是一誤再誤，以至於今，連所謂全面的和也在不可知之數了。軍事力量這樣的消耗下去，只怕恢復無期了。

　　然而沒有軍事力量就不能做和平運動，也未必然的。普法之戰，法國的軍事力量已經被普國擊破，為什麼法國還能恢復和平？上次歐洲大戰，德國的軍事力量在停戰時候，幾乎可以說是全被繳械。為什麼德國還能恢復和平？天下祇有相類的事，沒有相同的事。我不是以法、德例中國，我也不想中國蹈法、德循環報復的覆轍。但是我想說明，一個國家在軍事力量不幸而被擊破之後，這個國家還有一種力量可以存在。這一種力量是什麼？是民族意識。普法之戰，法國軍事力量被擊破了，然而民族意識仍然存在。所以於割地賠款之後，仍能保有法國；上次歐洲大戰，德國軍事力量被擊破了，然而民族意識仍然存在，所以於割地賠款之外，再加以種種不平等的束縛，仍能保有德國。

　　至於中國民族意識的存在已經數千多年，尤其數十年來特別發達。不但我們自己知道，便是日本也知道的。不過我們對於民族意識的力量要估計清楚，我們不可妄自菲薄，以立國纔二十多年的捷克斯洛戛為比；我們尤不可妄自期許，以為只憑民族意識便能得到最後勝利。我們要於估計清楚民族意識的力量之後，隨時隨地而善用之，用之於完成中華民國之建設、用之於分擔東亞永久和平的責任。這是我們所能做的，也是我們所應做的。

　　我們必須明瞭所謂軍事力量是什麼，除了專門的軍事學識和技能之外，一切物質都是取給於人民的，一切精神也都是由民族意識而來的。即所謂專門的軍事學識和技能，也莫非是由人民培養而成，決不是如小說書所謂，一位金甲神從天下降。所以軍事力量不能包括民族意識，而民族意識卻可以包括軍事力量。

　　可憐的中國人，幾十年來，前誤於軍閥、後誤於個人獨裁，把軍事力量看得如同從天下降的金甲神一樣。於是，開口實力、閉口實力，把實力與軍事力量看成一物。從前以為沒有軍事力量不能抗戰，如今以為沒有軍事力量不能講和，這不是把軍事力量看得太重，卻是把民族意識的力量看得太輕了。自然，我們將來還是要建軍，還是要鞏固國防，還是要綏靖地方、保衛人民，我

們並沒有一刻忘記軍事力量。不過我們卻要説明，決不是有了軍事力量纔可以做和平運動！

如今再説經濟力量。

説到經濟力量，日本是先進國家，最近已駸駸然進於重工業發達的階段。中國是經濟落後國家，重工業還沒有萌芽；輕工業剛剛開始，還在幼稚時代便遭著摧殘了；甚至號為以農立國，而糧食一項，無論米、麥，都不能自給自足。因此有許多人對於中日經濟提攜抱著絕對的悲觀，以為兩個幼稚國家可以説提攜、兩個強盛國家也可以説提攜，一個幼稚國家和一個強盛國家卻如何可以説提攜呢？這不是狼與羊提攜一樣嗎？這種論調，在戰前已經普遍，在戰後尤其深刻。以為中國已經是一個落後國家了，如今再加上一個戰敗國家，所謂經濟提攜還堪問嗎？無論如何，都是合作其名、獨佔其實，這是勢所必至、無可逃避的。

這種絕對的悲觀論調，浸淫起來，便成了以下的判斷：中國和歐美講提攜還可，和日本講提攜則絕對不可。因為歐美離中國遠，來的人不多，來的貨色也不多，所以中國人還可以在歐美指縫裏過生活；日本離中國近，來的人多，來的貨色各樣齊全、精粗美惡應有盡有，所以中國人休想望日本在手下留情。除了做苦力外，只有做叫化的了。

總而言之，中國和歐美講提攜，歐美人嚼牛肉排，中國人還可以吃鹹菜飯；中國和日本講提攜，日本人吃「沙斯美」[16]，中國人連湯也沒得喝了。由於這種判斷，便只能有以下的兩個希望：其一、日本火山爆發了；其二、歐美合起夥來將日本打倒。但這兩個希望，不是等於望天打卦嗎？根本就不會成立的。

---

16 指刺身 Sashimi

　　至於枝節呢？幾十年來，中國往往發生抵制日貨的事情，這固然由於政治的理由，然而在經濟的理由看來，卻成了一種變相的保護政策。因為一方面正正堂堂的以政治的理由來抵制日貨，一方面卻正好偷偷摸摸的以經濟的理由來提倡國貨。於是，許多國貨在抵制日貨的環境之下便應時而興了，但這是好辦法嗎？恐怕無論何人，都不會承認為好辦法的。十年以前，我曾經在香港一間客棧裏住過，和茶房談談天。我問他道：「近來生意好嗎？」他嘆口氣道：「噯！廣東沒有亂，這裏生意怎樣好呢？」我聽了，真是哭笑不得。靠抵制日貨來提倡國貨，可不是和這種見識一樣？不用說根本，連枝節也不應該這樣的啊！

　　然則中日經濟提攜，真個的是這樣絕對的悲觀嗎？如果是的，和平運動自然無從做起，但是我的看法卻不是如此絕對的悲觀。我以為日本對於中國，本來有兩條路：

　　一條在軍事上謀征服、在經洲上謀獨佔。那麼，那是以中國為殖民地。第一期、榨取原料、銷售商品，同時並行；第二期、中國人的購買力盡了、無所謂銷售商品了，就只有於榨取原料之外更榨取其勞力，使中國人以苦力始、以叫化終了。這條路行得通嗎？行不通的。強行起來，必然遇條中國民族意識之激烈反抗。民族意識不是槍砲所能擊破的，其結果必致徒勞而無功。所以這一條路，是斷斷乎行不通的。

　　另一條路呢，便是「近衛聲明」所謂「按照平等互惠之原則以謀經濟提攜」了。這條路行得通嗎？行得通的。上頭說過，中國號為以農立國，而糧食一項，無論米、麥，都不能自給自足。這不是中國地利之咎，而是人工之咎。如果以人工發達地利，使之科學化、現代化，則中國的農業不但能充分的自給自足，並且能充分的供給日本之所需求，如棉花、如羊毛皆是。這些在農業知識上已有定論，用不着多說。至於輕工業呢，中國在戰後必須從事於恢復，這是不待言的。那麼會和日本的銷售商品發生衝突不會呢？普通看來，似

乎必然衝突。不是日本商品布滿了中國市場，使中國的工業製造品無從銷售，因之工業無從發達；便是中國的工業製造品，將日本商品從中國市場驅逐出去。方纔所説絕對的悲觀論，即是從此出發的。

但是中日兩國，難道不能適用有無相通、長短相補的原則嗎？難道不能分別部門，以各顯所長嗎？難道不能於同一部門之中，分別精製品、粗製品，以各盡所能嗎？難道不能於同一部門、同一質量之中，更從事於數量的分配，以使之各如其量嗎？那見得就這樣絕對的悲觀呢？中國的民族資本本來有限，以有限的資本來經營各種工業，勢必至因分散而薄弱，對外不能競爭。而且資本愈少，則歸本及贏利之心愈急，內部因此亦時時發生破裂。這實在是幾十年來中國工業不振之最大原因。如果認定幾個部門，集中力量從事經營，對外既不至因重複而惹起衝突，而內部亦不致左支右絀，使事業中途停頓。

有許多人恐懼日本貨品的廉價，以為必然獨佔市場。殊不知中國若能用避免重複的辦法，對於自己所經營的部門，專心致力；則對於所放任的部門，正可利用日本貨品的廉價，減輕買價的負擔而增加購買力、增加消費力。這豈不是較好的辦法嗎？不特此也，即使同一部門，也可從質量上、數量上想出平均發展的辦法的。舉一個例來説，二十六年的上半年，日本在中國所辦的紗廠以及中國自辦的紗廠都獲厚利，其原因在什麼？在於二十五年之豐收。中國農民得到豐收，過年的時候替自己或替子女多買一塊布，各紗廠就覺得銷路大暢了。

説起來真傷心，中國號為以農立國、號為人口百分之八十五以上是農民，但是農民所過的生活是人的生活麼？不用説別的，衣不蔽體的現象，鄉村間觸目皆是。自然在上海跳舞場的人們是不會看見的。可知道陝、甘一帶有些十七、八歲的姑娘們，因為衣不蔽體，見了人就躲在土坑內啊！如果政治能修明、共匪能肅清、一切不必要的政費軍費能減少，則政府可以拿出大批的錢來，從事於農業之改良發達與輕工業之恢復。那麼，一般農民收入自然增加

了，購買力自然也因之增加了。照現時的紗廠再添十倍，乃至數十倍，也不怕沒有銷路，那裏見得便衝突呢？「不患寡而患不均」，這是一偏之見。均不均是分配問題、寡不寡是生產問題，生產則欲其多、分配則欲其均，纔是正理。中國今日可謂寡到極處了，提高人民的生產力，即是提高人民的購買力、即是提高人民的消費力，商品不愁不暢銷、市場不愁不推廣的。絕對的悲觀論者，請放心罷。

以上所說，農業、輕工業是如此，重工業在發達程序上自然較後。但是中國如果要興辦重工業如鋼鐵廠等等，則歡迎投資、歡迎技術人才是必要的，因之經濟提攜也是必要的。所以絕對的悲觀論者，以為經濟上若沒有同等的力量則不能提攜，這話是沒有根據的。此於和平運動關係極大，明白了經濟提攜之可能性與必要性，便可明白和平運動之可能性與必要性了。

以上所說是「量力」，不是「不量力」。我們不但應該擔任和平運動，我們並且能夠擔任和平運動，以努力於具體的和平條件之獲得，並努力於實現。

末了，還有幾句話。日本輿論，大體上都盼望中國能有愛國者出來擔任和平運動，這是重視中國民族意識之表示，我們十分感謝。但是還有一小部份責備中國，不應只知愛國，應知興亞尤大於建國。我想答覆道，日本人如不愛日本，能愛東亞麼？然則中國人如不愛中國，又安能愛東亞？至於中國人呢，應該記著孟子所說，不要「自暴自棄」；尤應該記著韓文公所說，不要成為一個「怠者不能修，而忌者畏人修」的人。那麼，於創鉅痛深之後同心協力，必能將建國、興亞兩重責任，擔負起來。

出處：

- 汪精衛，〈和平運動之前途〉，《時代文選》第二卷第一期（1940年），頁9–12。

- 南京國民政府宣傳部編，《汪主席和平建國言論集》上卷（南京：國民政府宣傳部，1940年），頁149–156。

銑電

一九四〇年一月十六日

重慶蔣介石先生勛鑒：

　　兆銘於前歲十二月二十九日建議，主張根據日本「近衛聲明」，調整中日關係、奠定東亞之永久和平，不幸未承採納。然兆銘與諸同志仍不避艱險、不惜犧牲，前仆後繼以致力於和平運動，並與日本朝野開誠布公，討論和平方案。一年以來，殫盡心力，謀掃除過去之糾紛、實現將來之光明。固知在此環境中，欲和平方案能滿人意，誠非易事。所幸中日兩方，各以東亞前途為念，互相諒解、互相讓步。和平方案基礎已具，中國所可得到者，不惟非亡國條件，且循此力行，中國之獨立自由可保、三民主義之建設可以完成。

　　為此更竭誠盡慮，向先生再進一言。以今日之國內情形、國際環境，抗戰到底必無最後勝利之望，先生所知，無俟贅言；全國人民傾向和平，亦先生所知，更無俟贅言。惟和平之實現，必須全國一致，乃能迅速而普遍。即以撤兵言之，中國人民固望日本早日撤兵，即日本亦何嘗欲長此勞師於外。惟先生若繼續主張抗戰，則撤兵之舉何從說起？更以經濟建設言之。今日民固窮、財固盡，然及今停戰言和，國力民力恢復尚易；若長此耗竭，則民力凋盡、國力隨之，經濟建設亦將無從說起。

　　兆銘對於救國，早具決心。若先生始終堅拒，兆銘決不能以此有所顧慮。勢必先以全力從事於局部的和，而蘄致於全面的和。惟先生苟能以國家民生為重，及今毅然決定大計，聲明願與日本停戰言和，根據「近衛聲明」之原則，以求其具體的實現，則兆銘與諸同志必能與先生同心戮力，使全國和平早

日實現。質而言之，國家民族之存亡禍福，繫於此舉。現在先生在重慶，集大權於一身，和戰大計惟先生一言可決。所責於先生者重，故所望於先生者厚。不避冒瀆，佈此腹心，惟垂察之。幸甚。

汪兆銘。銑

二十九年一月十六日

出處：

- 汪精衛，〈汪主席銑電〉，《江蘇旬刊》第三卷（1940年），頁6–7。

- 汪精衛，〈專載致蔣介石銑電〉，《三民週刊》第二卷第四期（1940年），頁1–4。

- 南京國民政府宣傳部編，《汪主席和平建國言論集》上卷（南京：國民政府宣傳部，1940年），頁149–156。

在青島會談各次談話

一九四〇年一月二十二日至二十六日

一、和平運動之真義

汪主席抵青島後，於二十二日下午五時接見中外記者，發表談話。對於和平運動，有以下幾點見解：

其一、和平運動，乃是從東亞大局着想。確有見於中日兩國，非和平不能共存共榮；並非以戰敗之故，避難苟安也。

其二、和平運動，乃中日兩國百年大計。應從共存共榮之見地，深植其基礎，並非求一時之寧息也。

其三、和平運動，乃是從一種主義、一種信仰出發。確有見於中日兩國，戰爭則兩敗俱傷、和平則共存共榮。故不避艱難、不恤犧牲以赴之，並非出於權謀術數之觀念也。

余抱有此種見解多年。自「近衛聲明」以後，知日本朝野已有共同主張。日本以保障東亞為責任，並屬望中國分擔此責任。余知此種理想已有實現之可能，故與同志共致力於和平運動。余深知中國當戰敗之後，武力及其他勢力皆不可恃。但余確信欲實現真實永久之和平，必須有正大之主義與熱烈之信仰。由此主義與信仰而發生之勢力，始為真正之勢力、始為和平運動堅實之基礎。此須仰賴於全國民眾，尤其青年有志之士，共同認識、共同負荷。

和平運動必須得此基礎，乃能遂其發展而不虞其中途變質。而武力及其他勢力，不過此基礎之附屬物而已。必如是，和平運動始有其價值，而不致流為權謀術數之末也。余深信此種主義及信仰，必因和平運動逐漸進展而逐漸深入人心，以完全達到吾人所負之使命、所抱之目的也。

二、法統問題

汪主席於二十四日第一次會談終了後，發表法統問題之談話如下：

中日事變漸趨鎮靜，吾人當集中全國力量，以樹立中央政府。而樹立中央政府所首應考慮者，即為法統問題。蓋中國如欲樹立全國統一之中央政府，其方法有二：

其一、廢棄舊法統而另建新法統。此法似近乎革命方式，實行雖並非不可能，但我人認為不必要。蓋無論如何，此次事變，由於過去國民政府政策之失當，並非由於政制之不良。故目下收拾時局之目的在對外求和平，並非對內求革命。政策有所失當，自當充分加以修改；政制即有未盡善之處，亦只須適當改正而已足。因吾人並無根本推翻原來法統，徒使惹起混亂之必要也。

其二、即承襲舊法統而略事修正之。過去國民政府法制之所以被人非難者，乃由於推動全國政治之中央政治委員會之構成份子，祇限於中國國民黨中央委員，並無黨外人士之參加，致招外界謂為一黨專政之嫌。去年中國國民黨召開第六次全國代表大會時有鑒於斯，對斯制度特議決加以改善，在大會宣言中已表明此旨。由是，今後中央政治委員會已非國民黨一黨獨佔，凡各合法政黨及全國賢能之士，均能依法參加、協力商議政治。此即實施憲政之初步，同時矯正過去政制缺點者也。重慶政權現遭共黨壓迫，已喪失自由行使職權之能力。基於中央政治會議之決議，將依法加以改組。如能照舊執行政務、完成和議，則對於法統政策已屬毫無缺憾，一方預定於最短期內召開國民大會、制

定憲法；如能實施憲政，正如輕車之就熟路，當能順適前進。比諸改革政制徒惹糾紛，豈非計之得乎？

三、三民主義之真諦

一月二十四日第一次青島會談，席上汪主席講述三民主義之真諦，大意如左：

　　三民主義為救國主義，蓋欲使中國以次殖民地之地位解放出來，以得到國家之自由平等也。以民族解放言之，則為民族主義；以政治解放言之，則為民權主義；以經濟解放言之，則為民生主義。三民主義為救國主義者如此，然與東亞主義、世界主義並不相違。蓋其基本精神以中國固有道德出發、以和平為信條，不以侵略為能事，故謂之王道而非霸道。中國必得到自己之自由平等，乃能為東亞之一員及世界之一員，此即「修身、齊家、治國、平天下」之義也。

　　孫先生逝世後，即其黨徒，對於三民主義之見解已不一致。此殆不獨三民主義為然，凡一種主義流行之後，鮮不發生如此之現象也；至於黨外人之誤解，亦固有之；而共產黨人之曲解，則為弊尤烈。所以三民主義之解釋，實為必要也。民族主義非狹隘之國家主義、民權主義非個人自由主義、民生主義與馬克斯共產主義不相同且不相容，此為三民主義之信徒所當努力解釋者。故余於此次會談中，曾根據所信，加以闡解。

四、高陶事件

二十四日下午汪主席接見路透社、合眾社記者，對高、陶在香港發表所謂文件，發表如次之談話，斥其謬錯。

　　陶希聖、高宗武皆為最早參加和平運動之人，惟自去年三月廿一日，曾仲鳴同志在河內被刺之後，此二人即呈怯懦之狀。余在河內曾屢電高宗武往

晤，皆不敢往，同志間已不齒其為人；陶希聖優柔寡斷，搖動失志，與高相同。余因其為最早參加之同志，故仍曲予優容。及至去年十一月間，余發覺其跡可疑，故關於重要之折衝，已不使其參預。今此二人，竟竊取去年十一月五日日方在華一部份人士之試擬方案，居為奇貨，與渝方勾結。是不止怯懦怕死，且易受各種誘惑自喪人格，實屬卑鄙，殊堪痛恨。惟任何運動中，此等敗類本不可免，其結果不過淘汰自己而已，於大局無損。

余從事和平運動，乃在中國戰敗之際，又在渝方受共匪劫持之際。余愛中國，余堅信中國今日除和平別無自救之路，且和平運動已日由發展而趨於成功。即退一步言之，在此國破家亡之時欲圖挽救，不可不存自己犧牲之決心。抗戰而失敗，則負抗戰失敗之責任；和平運動而失敗，則負和平運動之責任。決無所容其首鼠兩端，徘徊歧路。余及余之同志皆決心猛力前進，對於此等中途變節之徒固極痛心，然只有益堅其負責之念。且此等變節份子懷貳已久，一旦引去，將益見和平運動之純潔而光明也。

至於和平方案，最近因中日雙方皆為兩國百年大計及東亞前途著想，互相諒解、互相讓步。其結果可使中國得到復興基礎，並可以其能力分擔東亞和平與秩序之責任。與高、陶所發表及附加捏造之文件大不相同，將來可以事實證明之。

五、青島會談之意義

廿六日為青島會談之第三日，會談畢後汪主席發表談話，說明此次會談之意義及此後之希望。談話原文如次：

去歲九月杪，鄙人曾赴南京，與王委員長、梁院長會談關於收拾時局之辦法，均趨重於實現和平、實施憲政。第一次之會談已略具端倪，今進而為第二次之會談，所得結果更為圓滿。蓋中央政治會議之組織已經彼此同意，此

中央政治會議將由中國國民黨聯合各已成政黨暨全國賢智之士共同組織，一掃過去參差隔閡之弊。同心協力以肩負收拾時局之責任，並對於實現和平、實施憲政之原則予以決定，俾由此生產之中央政府得以根據進行。深信自此以後，全國人民必能一心一意，向此共同目標而共同前進。對外則努力於樹立中日親善關係，並與各友邦敦睦邦交；對內則努力於戰後建設，修明政治、解除人民痛苦。則此次青島會談，實可稱為和平運動之一大進步與發展也。

出處：

- 南京國民政府宣傳部編，《汪主席和平建國言論集》下卷（南京：國民政府宣傳部，1940年），頁171–176。

- 中央電訊出版委員會編，《汪主席和平建國言論選集》（南京：中央電訊出版委員會，1944年），頁95–100。

「和平奮鬥救中國」的心理建設

一九四〇年三月十二日

總理逝世十五週年紀念辭

「和平、奮鬥、救中國！」這是總理孫先生逝世時的呼聲。這個呼聲永遠震蕩著我們的耳朵，而在紀念逝世週年的時候，震蕩得尤其真切。

孫先生逝世時的環境，是怎樣的呢？我們先看一看那時候的國際環境：國際聯盟成立於民國九年、九國公約成立於民國十一年，一般人以為世界和平已有保障，東亞和平尤其得所憑依。孫先生則不但不認為滿意，而且認為絕對不可靠。孫先生大聲疾呼，說明國民革命的目的，在求中國之自由平等；指出中國現在次殖民地之地位，標出以廢除不平等條約為最大急務。孫先生為達到此目的採取聯俄的政策，而且認定聯俄還不夠，必須聯合日本共同努力。孫先生於北上的時候，特意繞道日本，講述「大亞洲主義」，盼望日本國民一致起來，擔負團結亞洲民族共圖復興的重大責任。

我們再看一看那時候的國內環境，全國都在軍閥勢力支配之下。廣東號為革命根據地，然東、西、北三江及南路都是反革命勢力的地盤；即以廣州一隅而論，反側及動搖諸份子亦已與反革命勢力相呼應，真是危如累卵。然而孫先生則於此時挺身北上，以開國民會議為號召，不恤與一切軍閥勢力、反革命勢力挑戰，務要達到民主主義之目的。

「和平、奮鬥、救中國！」這臨終的呼聲，表示出孫先生一生的抱負以及無窮無盡的熱誠與勇氣。凡是要做一個同志的，不可不注意到這種心理建設。

　　如今中國的國際環境、國內環境，更非孫先生逝世時可比了，真所謂「神州陸沈，生民丘墟」。孫先生在天之靈有知，不知如何悲痛！如何憤慨！有人說道：「孫先生如在今日，斷乎不會再和日本講『大亞洲主義』。」甚至有人說道：「現在中日兩國正在拚個你死我活的時候，卻來講『大亞洲主義』，真是說夢。」我細細尋繹孫先生全部遺教，覺得「大亞洲主義」是不可磨滅的真理。日本在東亞是先進國，無日本便無東亞；中國雖落後，但以其國家的地位及其民族性而論，無中國便無東亞。這兩個國家，和平則共存共榮、戰爭則兩敗俱傷，這是不可磨滅的真理。沒有戰爭時，應該如此提倡；有戰爭時，更應該如此提倡。這絕不是出於一時便宜的權謀術數，而是不可磨滅的真理。我們惟有服從真理，纔能發出無窮無盡的熱誠與勇氣來擔當這責任。

　　我們在今日固然無可安慰，然而還有一些安慰的，便是日本方面了解孫先生主義的人，比較十三年十一月孫先生繞道日本神戶講述「大亞洲主義」時，多得多了。「援助中國完成其獨立自由的國家之建設」、「復興東亞」等口號，在戰爭中從日本方面先喊了出來。有人：「這是權謀術數，這是包糖衣的毒藥。」我以為不然，這是從戰爭中經過反省而體認出來的真知灼見。日本方面既然有了這樣的喊聲，我們中國方面應該共鳴。應該共同努力、攜手前進，掃除戰爭則兩敗俱傷之苦運，而達到和平共存共榮之樂境。

　　橫在這真理之前途的，有障礙沒有呢？有的。我們要以孫先生當日提倡國民會議的精神來驅除他。因為在這樣黑暗否塞的環境，只有用這種光明正大的手段，纔能將他驅除。

　　我們紀念總理孫先生，要繼承總理孫先生的心理建設 ——「和平、奮鬥、救中國！」

出處：

- 汪精衛，〈「和平奮鬥救中國」的心理建設〉，《平議》第一卷第三期（1940年），頁80。

- 南京國民政府宣傳部編，《汪主席和平建國言論集》下卷（南京：國民政府宣傳部，1940年），頁183–186。

和平宣言

一九四〇年三月十二日

「中日兩國無論從何方面着想，均宜攜手協力進行，共謀兩國前途的發展」、「中日兩國當為亞洲民族獨立運動的原動力」，此為手創中華民國孫先生之言。同胞同志，皆當共喻。不幸中日兩國關係，歷年以來，未獲調整，終至戰禍勃發，擾攘連年。

前歲十一月三日，日本近衛內閣發表聲明，謂「日本所望於中國者，在能分擔東亞新秩序建設之任務。」並於廣播中申述其意旨，謂「日本之真正希望，不在中國之滅亡，而在中國之興隆；不在征服中國，而在與中國協力。」並謂「日本認識中國之民族的熱情，承認中國之完成其為獨立國家，實有必要。」復於十二月二十二日發表聲明，列舉所望於中國者為善鄰友好、共同防共、經濟提攜，並謂日本非但尊重中國之主權，且不吝進而考慮交還租界、廢除中國完成其獨立所必須之治外法權。

日本政府有此聲明以後，中國方面瞭然知抗戰之不必繼續，和平之必當恢復；尤瞭然知中日兩國不僅當求消弭目前之戰禍，且進而根本除去過去糾紛之原因，重新確立將來之親善關係。於是和平運動漸次普及於全國。去年八月中國國民黨第六次全國代表大會宣言中，鄭重宣布自今以後，易「抗戰建國」之口號為「和平建國」，並鄭重宣布以反共為和平建國之必要工作。且鑒於個人獨裁之誤國、憲政實施之不容再緩，復鄭重宣布，務於最短期間結束訓政、開始憲政，使第五次全國代表大會所議決者得見之實行。數月以來，與日

本朝野，披瀝誠意，根據善鄰友好、共同防共、經濟提攜之原則，使之為具體的實現，務期兩方交受其益。

復與國內各已成政權、各已成政黨暨賢智之士，悉心討論收拾時局之辦法，以一致之決意，為共同之努力。由是有中央政治會議之組織，中央政府亦將緣是產生。自今以後，舉國人民皆在此統一而有力之中央政府領導之下，對外調整邦交、對內實施憲政，掃除歷年之糾爭與戰禍，而實現和平與幸福之新天地矣。關於對內實施憲政，吾人已訂立適合時勢之政綱與政策，務於最短期間完成此使命。關於對外調整邦交，吾人所釐訂之各種具體方案，全部公開。固有所待，惟吾人敢負責為國民保證，此等方案決不軼出「近衛聲明」範圍之外，且決不與其原則有所抵觸，於中國之獨立生存無所危害。於第三國在中國之正當權益，不惟無所傷損，且可因中國之和平恢復而得所保障、遂其發達。且中國恢復和平之後，除與日本為經濟提攜外，並當依據建國方略之實業計劃，容納各國之技術與資本，以求完成中國之建設、致東亞之繁榮。是則和平運動非惟中日之利，亦世界各國之利也。

抑有為國人言者，吾人之和平運動，當從切近方面與遠大方面同時探討。事變以來，北平故都、南京新都相繼失守，天津、上海、青島三特別市，綏遠、察哈爾、河北、山東、山西、河南、江蘇、安徽、浙江、江西、湖北、廣東、廣西十三省會以次淪陷，將士死者數百萬，人民直接、間接死於亂亡者數千萬，此真宇宙之奇變、神州之浩劫，明亡以來未有之禍也。抗戰至今兩年有半，所失據點未聞有一處恢復，徒使孑遺之人民日即於淪胥。國民政府及中國國民黨同人負咎深重，雖粉身碎骨，不足以對國家、對人民。苟危亡尤有可救，則挺身任過，與日本停戰言和，接受可以忍受之條件，以保存尚未耗盡之國力，收拾敗殘、重謀興復，實為國民政府及中國國民黨同人應有之責任。誠不可把持權勢、脅迫民意，日日以抗戰到底、最後勝利自欺欺人，使國土愈蹙、國力愈耗，終至於不可救藥也。此就切近方面言之也。至於遠大方面，則此次之和平運動不徒欲消弭目前之戰爭而已，必深求戰爭之原因、解除過去之

癥結、重新建立將來之正鵠，使中日兩國得向於共存共榮之大道而攜手前進。中日兩國為東亞之柱石，兩國相安，則東亞和平得所保障，而世界和平亦於以奠定其基礎。

是故就切近方面言之，則救國家民族於將亡，吾人不可不忍辱負重，以從事和平運動；就遠大方面言之，則致中國及東亞於復興，吾人尤當積極努力以從事於和平運動。兆銘服務國民政府，為中國國民黨之一人。過去心力交瘁，對於不幸之戰事未能防止，及戰事發生以後又未能挽回，撫躬省疚、日夕不遑。去年以來，竭其忠誠，向重慶同人致其呼籲，乃未蒙聽納。惟兆銘默察今日全國人民皆希望和平，了無疑義；所懷疑者，特和平之能否實現而已。用是不揣固陋，集合國民政府及中國國民黨同人，並聯合各已成立政權、已成政黨暨賢智之士，同心協力，以擔負和平運動之責任，務使全國人民所希望之和平能一一實現。

茲因中央政治會議組織詢謀僉同，成立有期。爰以和平運動之真意及和平方案之要旨，昭告海內：自此以後，中央政府必以實心實力，謀和平方案之實現，以底和平運動於成功。所望全國同胞，咸喻此旨，同心同德，荷此艱鉅。並望重慶方面拋棄成見，立即停戰，共謀和平方案之實現更能普遍而迅速。救亡復興，實基於此。血誠耿耿，惟共鑒之。

出處：

- 汪精衛，〈和平宣言〉，《國民政府還都紀念刊》（1940年），頁27-28。
- 南京國民政府宣傳部編，《汪主席和平建國言論集》下卷（南京：國民政府宣傳部，1940年），頁187-190。

國民政府還都的重大使命

一九四〇年三月二十三日

　　各位同胞，今天是兄弟回到南京之後，第一次同各位同胞説話。説話的時候，心裏頭有無限悲痛。想起過去、看到現在，心裏頭有無限的悲痛説不出來。不過我們對於將來，也有無限的光明。我們應該提起勇氣，把光明來天天擴大。這樣，我們從前的悲痛，纔可以慢慢的減少。今天兄弟所講的題目，是〈國民政府還都的重大使命〉。

　　這一回國民政府為什麼要還都呢？在中央政治會議議決看得出來，從前各人就各地來做和平運動，現在統一起來做和平運動。和平運動，拿什麼做目標呢？就是實現和平，實施憲政。這兩個大方針，是和平運動最大的目標，也就是國民政府還都最大的使命。關於怎樣纔能夠實現和平，在三月十三日早上我有一篇宣言[17]，在報上登過，是要根據日本「近衛聲明」，善鄰友好、共同防共、經濟提攜的原則，來調整中日的關係。我並且確實聲明我們所有的和平方案，不會超過「近衛聲明」的範圍。大概我們各位同胞，都已經看見過這一篇宣言了。同一天晚上，日本內閣總理大臣米內有聲明。這個聲明裏頭的説話也是一樣的意思，也就是拿「近衛聲明」做中日調整邦交的基礎，大概各位同胞也看見了。看見了「近衛聲明」之後，有「米內聲明」，我們就可以知道這多年以來，日本方面關於中日和平運動是一貫的，中間並沒有什麼參差，並沒有什麼變更。再看見了前年十二月廿九日兄弟的〈艷電〉，以至於最近三月十三日的宣言，我們也就可以知道這多年以來，中國方面關於中日和平運動也

---

19 指〈和平宣言〉，見本冊頁529–531。

是一貫的，沒有變更、沒有參差。這樣我們的路線是看清楚了，這樣就要走上這條路上去。因為有了路線，我們不去走是沒有用的。

現在國民政府為什麼還都呢？就是要來實現這種和平的主張。換句話說，就是要走上這條路線去。從前只是主張，現在卻是實行了。要把裏頭個個字能夠實行，這就是關於實現和平一個大概的意思。關於實施憲政，中央政治會議已經決議了，在國民政府還都之後就設立憲政實施委員會，務要於最短期間召集國民大會、制定憲法。一個實現和平，一個實施憲政；一個要來謀中日關係的調整、謀東亞和平與秩序的建設，一個要來完成中華民國的建設。這兩件事情都是很重要的，國民政府還都以後一切對內、對外的政策，都是根據這個大方針去做。國民政府為什麼要還都，就是為此。我們要把這幾年以來百姓的痛苦、國家的危險能夠速除，就要靠實現和平、實施憲政。實現和平、實施憲政能否做到這一點？國民政府的同人，願意同我們全國的同胞，同心同德，往這條路上走去。關於實現和平、實施憲政這兩個大方針的內容，我們從前說過很多，今天只是這樣子簡單同我們各位同胞說一次。

現在我們所要說的，是從今天以後，和平運動已到了一個新的階段了。因為以前和平運動是各地方做的，現在是統一起來在國民政府領導之下做的，可以說是一個新的階段。從今以後，我們看見國裏頭，所有主張和平的人都在一塊了，剩了少數反對和平的人。這種反對和平的人，我們盼望他將來也一樣加入這個和平運動。我們天天在等他、我們天天在想方法感動他，就算他們對我們有什麼誤解、有什麼曲解甚而至於污衊種種，我們都不管。大家都是同胞，只要他們早一點過來，全面的和平就早一點實現。他們的反對論調，說來說去，總是說我們如果在日本軍隊沒撤去的地方來組織政府，是沒有用的、是不會有力量的。這一句說話好像是對的，實在是不對的，我們不能等到和平已經實現之後纔來組織政府。因為和平能否實現，要看我們能不能努力於和平運動、能不能努力調整中日關係、能不能大家走上新的光明的大路。所以我們

必須組織政府，把實現和平的責任擔負起來。這樣纔有真正的和平，不然，和平是不會實現的。

我們知道，我們的前途一定還有種種困難；我們知道，我們一定還有種種不能十分順手的事情。但是這種困難、這種不能順手，是那一個給我們的呢？就是這些反對和平的人給我們的。如果他們能了解和平運動的意義，能接受國民政府的命令而受其領導，則全面的和平自然可以實現。目前全面的和平不能實現，完全由於他們的阻礙。所以我們絕不能說，全面的和平沒有實現、我們就不去做和平運動，這句話是不通的。做了和平運動，全面的和平纔可以實現；不是全面的和平實現之後，再去做和平運動的。對於這一點，我想重慶方面唱高調的人，自己要想一想。

我們始終都是誠心誠意，盼望全國了解和平運動的人來了解，盼望反對和平運動的人來贊成。當然我們不能等他，他不贊成，我們自己先做。我們在理論上說明白，給我們的同胞聽；我們還要努力在事實上做去，來給我們的同胞看。那麼，我相信和平運動一定能夠發展，並且一定能夠普遍，沒有什麼人可以妨礙我們的。國民政府所要做的事情，就是我們老百姓心裏頭所盼望要做的；國民政府的心事，就是老百姓的心事；國民政府的使命，就是要把老百姓所希望的事情能夠實現出來。這一點盼望，了解和平運動的人多出一點力、多做一點理論、多做一點事實，不了解和平運動的人也得要回心轉意，大家走上這條路上去。

這一回國民政府的使命，是要實現和平、實施憲政。這樣重大，所以關於國民政府的組織，我們商量了很久很久。我們現在盼望林主席早一點回到南京來。在他沒有回來以前，我們只好照著中央政治會議的決議，努力去做。關於國民政府的組織，和從前差不多的；關於行政院，各位已經看見所發表的組織的內容了。因為要容納各方面的人才，所以這一回機關好像多一點。不過細細看去，就曉得並不是多。

　　我們舉兩個例，一個是宣傳部、一個是社會部。社會部從前叫做民眾訓練部，關於工人、農民、商人、學生、婦女各種民眾訓練事情，現在叫做社會部。這兩個部從前行政院沒有的，好像我們現在添了兩個機關一樣。不過大家曉得，這兩個部從前就有的了，不過從前是放在國民黨中央黨部裏頭。中央黨部第一個部是組織部，第二個部就是宣傳部，第三個部就是社會部。這兩個部從前是放在中央黨部裏頭，現在移來放在行政院裏頭，這並不是多設這兩個機關。一方面來看，宣傳是很重要的，是要全國的人民了解政策。了解主義是很重要的，訓練民眾也是很重要的，從前放在中央黨部裏頭也是有道理，不過那時候百姓已經有一點感覺不便當。譬如一個商會，因為民眾訓練的事情在黨部，商會常常要同黨部接頭，同時還要向政府接頭，大家就感覺到好像多一層隔閡。現在直接交給政府，還要便當，這是一個道理。還有一個道理，就是現在國民黨打算放棄一黨專政。既然放棄一黨專政，把這宣傳部的大權、把這民眾訓練的大權放在中央黨部裏，怎樣可以表示不是一黨專政呢？因為這樣子，我們把宣傳部、把社會部放在行政院裏頭，一方面免除兩重政府的隔閡、一方面免除一黨專政的嫌疑，這是一個例。

　　還有一個例，就是各種委員會。僑務委員會、振務委員會、邊疆委員會從前是有的，至於水利委員會呢，好像我們又添一個新的機關一樣。不過水利委員會的設立，不祇不是添機關，倒是省去許多機關。因為從前有導淮委員會，是直屬於國民政府的；還有一個黃河委員會，也是直屬於國民政府的；還有一個廣東治河委員會，有時直屬於國民政府、有時屬於廣東省政府；還有一個揚子江水利委員會，則屬於財政部。先就水利一想，已經有四個了（導淮、黃河、廣東治河、揚子江水利），此外一時還說不盡。這樣東一個機關、西一個機關、南一個機關、北一個機關，幹什麼呢？從前我們要改革種種人事問題，解決不了；現在綜合起來設立一個水利委員會，不是添機關，是省機關。大家曉得的，現在水患很厲害，水利機關是不能不設立的。但是為什麼不叫水利部而叫水利委員會呢？是因為全國要治的水太多了，所以設委員會，多一點

委員來共同負擔，而將來還要分派出去。不過機關是一個，不像從前那樣子分做幾個，這又是一個例。

綜合兩個例說來，表面上好像我們添了宣傳部、社會部、水利委員會，添了許多機關；實際上並沒有添，不衹沒有添，而且還省了。還有一點，我們於設立機關之後打算，機關的經費努力使他減少；機關的事業費，努力把他增加。就是人才，我們固然要延攬；但是一切的日常經費，能夠省多少、就要省多少。不要使國家有駢枝的機關、不要使機關之內有浮濫的經費，這是政治上最要緊的。現在國家這樣危急這樣困窮、地方這樣的分崩離析、人民這樣的顛沛流離，我們是不能夠有一刻可以安心的。為這樣子，大家纔不顧一切的困難，來擔負這個責任。

我們相信每一個國人，都是拿著廉潔勇敢的精神來替百姓服務。我們最大的希望：

第一、是把全國普遍的和平實現起來；

第二、是把中華民國的建設完成起來。

我們要達到這重大的使命，我們只有拿著廉潔勇敢、任勞任怨的精神來打破一切困難。我們打算，一切的事情如果沒有人來擔任的時候，我們都擔任起來。我們不管多少，要擔任我們就擔任；如果是有好的人才、比我們好的，我們立刻退讓，請他來擔當。我們再說一遍，就是一切事情沒有人來擔當的時候，我們挺身來擔任、我們絕不推諉；但是如果有比較我們好的人才來的時候，我們立刻退讓、我們絕沒有一點留戀。

例如海軍，中國的海軍是不堪言的，但是中國不能不注意復興海軍的。因此我們在這種破碎的時候，並建設海軍部。但是海軍部長的人選，如果一時不能確定，只好仿照各國內閣的例，由內閣總理暫時擔任，等到人選確定之後再來讓賢與能。這不只兄弟一個人如此，兄弟敢說，我們這次出來在國民

政府服務的人，沒有一個不是如此的。例如軍政部、參謀本部、軍事參議院、軍事訓練部，現在擔任的人，其資格、其才力都是勝任的，但是他們都願意以次或副的地位來代理。一方面表示負責、一方面表示讓賢，這是我們同人共同的心事。

還有一件，現在社會生活這樣的艱難，老百姓連米都沒有得食，一切的生意都有許多的障礙。我們一方面要替老百姓解除痛苦，一方面要和老百姓共甘苦。我老實告訴大家，在政府的人，有時公式的宴會是免不了的，但是我們盼望我們除了公式的宴會，我們的宴會愈少愈好。為着大家有機會見面、多說話，也許我們在一起食晚飯也不定，但是我們盼望愈早愈好。我們能夠刻苦，我們纔能夠廉潔；唯有廉潔，我們纔能夠勇敢。不刻苦的人不能廉潔的、不廉潔的人不能勇敢的，我們同人時時刻刻以此自勉、以此共勉。我們要有這樣精神，我們纔能夠把國民政府還都的重大使命來達到。

今天所說的話，總共分四段：

第一段，國民政府還都的使命，在實現和平、實施憲政。

第二段，我們盼望這和平趕快普遍於全國。

第三段，說明白組織機關的理由，要有這種機關，纔能夠擔任這個使命。

第四段，說明白我們在機關服務的人，應該拿「廉潔勇敢、任勞任怨」、「與老百姓同甘同苦、同生共死」的精神做下去，我們纔能夠擔起國民政府還都的重大使命。

出處：

- 汪精衛，〈國民政府還都的重大使命〉，《國民政府還都紀念刊》（1940年），頁30–31。

- 南京國民政府宣傳部編，《汪主席和平建國言論集》下卷（南京：國民政府宣傳部，1940年），頁191–198。

國民政府還都宣言

一九四〇年三月三十日

國民政府根據中央政治會議之決議，還都南京。謹以誠敬，昭告海內：

實現和平、實施憲政兩大方針，為中央政治會議所鄭重決議，國民政府當堅決執行之。

所謂實現和平，在與日本共同努力，本於善鄰友好、共同防共、經濟提攜之原則，以掃除過去之糾紛，確立將來之親善關係。過去所採政策及法令，有違反此方針者，必分別廢止或修正之，務使主權之獨立自由，及行政之完整得以確保，並於經濟上實現互惠平等之合作，以樹立共存共榮之基礎。中日兩國，本義同兄弟，一旦不幸，致動干戈，自此次調整之後，永保和平，共安東亞。同時對於一切友邦，亦本此和平外交之方針，以講信修睦，增進友好關係也。

所謂實施憲政，中國國民黨第五次及第六次全國代表大會宣言中已有明白之決定，全國賢智之士亦已一致贊同。當此戰後，百廢待舉。端賴舉國同胞，集中心力、物力，勇往精進，以完成現代國家之建設。過去個人獨裁為全國人民精誠團結之障礙，必當革除；共產黨挑撥階級鬥爭，尤為國家民族之大敵，必當摧陷廓清、使無遺毒。至於各級民意機關之設立、地方自治之舉辦，以及國民大會之召集、憲法之制定頒布，皆當剋期見諸實行，以慰海內人民之望。

以上實現和平、實施憲政，為國民政府所執行之最大方針，亦即國民政府所擔負之最大任務。茲值國民政府還都之始，對於我陣亡之將士、殉難之

人民，及為和平運動而犧牲之諸先烈，謹致無限之哀悼與敬禮。國民政府所首當引為己責者，厥惟安撫戰後之人民，使其生命、財產、自由得受國家法律之保障，各安所業，以從事於經濟產業之復興、文化之發展。國民政府謹當率其僚屬，以廉潔勇敢、任勞任怨之精神，與我孑遺之人民同甘苦、共生死，以蘄致於國家民族之復興也。

其次則對於現在重慶及各地服役中之公務人員及一般將士，開誠佈告。凡屬公務人員，自此佈告以後，務必於最近期間，回京報到。對於此等報到人員，一經確實證明，概以原級、原俸任用。其有懷抱忠誠，就其所處苦心幹運有所貢獻者，尤當優予任用；凡屬一般將士，自此佈告以後，務必一體遵守，即日停戰，以待後命；其非正規軍隊，散在各地擔任游擊者，亦務必遵命停止活動，聽候點驗收編。此為和平建國之始基所當共勉者也。

國民政府此次還都南京，為統一全國，使向於實現和平、實現憲政之大道勇猛前進。全國以內，祇有此唯一的合法的中央政府。重慶方面如仍對內發佈法令、對外國締條約協定，皆當然無效。所望重慶方面破除成見，亟謀收拾，共濟艱難。至於事變以來，臨時維新等政府先後成立，為保全國脈、維持民命，致其心力、鞠躬盡瘁、勞苦備嘗。茲以一致之同意，統一於國民政府。對於其所辦事項，當維持現狀，並當本於大政方針，迅速加以調整。自此以後，全國在統一的指導之下，同心同德，滌戰後之瘡痍、謀將來之發展。國家民族之復興、東亞之和平，胥繫於此，有厚望焉。

出處：

- 汪精衛，〈國民政府還都宣言〉，《國民政府還都紀念刊》（1940年），頁29。
- 汪精衛，〈國民政府還都宣言〉，《中華青年》第二卷第一期（1940年），頁1–2。

和平反共建國運動之新階段

一九四〇年四月十三日

　　去年八月九日，我在廣州曾經向各位同胞廣播[18]，有以下的幾句話：

　　「如果在前方、後方的行政當局以及帶着軍隊的人，能有贊成和平的表示，則日本軍隊必會進攻；因為日本政府已有聲明在前，盼望中國有同憂具眼之士出而收拾時局，以復興中國、以進而分擔復興東亞的責任。因此，日本軍隊決不會向着我們和平反共的地方及軍隊進攻的。現在我在廣州與安籐最高指揮官會晤，關於怎樣實現和平，彼此披瀝誠意。其結果使我確信，如果廣東方面的軍隊有和平反共的表示，安籐最高指揮官必能以極友好的考慮，實現以下幾件事。即是，不僅對於這種軍隊立刻停止攻擊，而且更進一步將日本軍隊已經佔據的地方、所有治安警備以及行政經濟，都從日本軍隊手裏次第交還中國。因此我今日敢公開約束，如果廣東方面的行政當局和軍隊能贊成我的和平主張，則我必能得安籐最高指揮官的同意，先在廣東做起部份停戰，而以次及於全國，使全國和平得以完全恢復。尤其是對於廣州市民，我敢說在最短時間，必能以廣州市還之廣州市民之手，使廣州市成為比較去年十月以前更有秩序、更有幸福的地方。」

　　假使當時那些人肯聽從我的話，則到如今，在廣東方面的和平運動，定然有很大的進展；像南寧那樣戰事，毫無意義的、犧牲了無數的國力民力而得不到一點代價，更不會有。如今想起，實在痛心。但是這些人想做和平運動的障礙是不可能的，和平運動隨著人心局勢的必要而日益進展；到了最近，全

20 指〈怎樣實現和平〉，見本冊頁465–469。

國各處的和平運動已經統一起來；在國民政府還都之後，已經進入了一個新的階段了；由這階段以至成功，是必不遠的。況且廣東在歷史上是革命的根據地，更應該由廣東先就「和平、反共、建國」運動做出一個模範來。日本當局的意思，直至今日，並沒有一點改變，尤其使我們覺得由廣東做出一個模範，在短期間必能實現。

我此次再到廣東，為的是向大家說的這種用意。我如今就「和平、反共、建國」運動，提出以下三點：

一、「**和平、反共、建國」運動，要組織化。**和平兩個字是有內容的，從思想說是睦鄰友好，從行動說是經濟提攜；至於反共，從思想說是打破馬克斯的共產主義，從行動說是防制共產黨的擾亂；至於建國，從思想說是信仰三民主義，從行動說是要完成現代國家的建設。

這樣說來，責任何等重大。每一個民眾，應該負起這責任，就應該參加「和平、反共、建國」運動的組織；每一個民眾，必須知道「和平、反共、建國」運動是切己的利害，小之是一己、大之是國家民族，都要靠這個運動成功，方有出路。

自從去年中國國民黨第六次全國代表大會標出了「和平、反共、建國」的口號，並且聯合全國各黨各派、無黨無派，向着這共同目標而共同努力，這是替民眾打開一條出路。但是這條路之光明燦爛必有待於民眾之參加，必須民眾各個都成為這運動之一員，然後這運動纔能充實而有效。

二、「**和平、反共、建國」運動，要有訓練。**我們從事「和平、反共、建國」運動，首須有明確之認識，其次須有精密之訓練。

舉個例來說，經濟提攜是以兩利為目的的。如果只是一方有利，便無所用其提攜；認定經濟提攜，是兩方有利。這所謂明確的認識，已經有了認

識。如何能使這認識實現呢？這便不能不有待於訓練了。有些人因為沒有訓練，不能實現經濟提攜，因此便懷疑於經濟提攜之不能實現，這是不對的。我們盡可找幾件經濟合作的事情來做模範，兩方的人知道合作是兩方有利的。但是兩方的長處要彼此知道，兩方的短處也要彼此知道。發現長處便要互相引重，發現短處便要互相修改。這樣合作事業纔能發達，纔能兩方有利。這是不待勉強的，但這是非有訓練不可的。沒有訓練，無從實現經濟提攜。不但經濟提攜如此，即一切軍事、外交、文化等等，亦莫不如此。

三、「和平、反共、建國」運動要有宣傳。我們相信現在全國的人，沒有一個不想和平的，但是同時沒有一個不懷疑和平之能否實現的。這裏頭有待於事實的證明，同時有待於宣傳。

尤其是廣東，因為僑民遍於美洲、南洋各地，僑民的言論行動，往往與內地人民以影響。而僑民本身，一來受當地惡意的利己的宣傳、二來受了重慶方面自欺欺人的宣傳，以至蒙蔽事實，對於「和平、反共、建國」運動曲解、誤解，實在不少。現在我們要創造事實，同時要本於事實作忠實的宣傳。

以上是「和平、反共、建國」運動在組織方面、訓練方面、宣傳方面，應該注意的所在。現在為和平障礙的，除了自欺欺人的抗戰到底的論者外，還有兩種。第一種是生成搗亂的脾氣，在抗戰的陣線裏，竭力搗亂抗戰；在和平的陣線裏，便竭力的搗亂和平。這種人比起自欺欺人的抗戰到底論者，罪惡實在相等。第二種是生成悲觀的脾氣，對於抗戰，動不動搖頭，說沒有出路；對於和平，也動不動搖頭，說沒有出路。這種人最高等的，只有自殺，此外便只有閉門。在國破家亡的時候，竟會忍心害理的說不問時事；尤其下流的，便索性逃到外國、躲在租界裏去。須知道中國到了這步田地，我們不能不替國家民族找一條出路。抗戰到底的自欺欺人，如今已到了不唯不能欺人，並且不能自欺的地步了，那麼除了和平找一條出路，還有什麼辦法？

　　我們知道，現在全面的和平還沒有實現；我們也知道，「和平、反共、建國」的前途還有種種的困難。但是善鄰友好、共同防共、經濟提攜，是日本所標示的調整中日關係的基本原則。日本的希望不在滅亡中國，而在使中國興隆，俾能與日共同負擔復興東亞的責任。這是日本對於東亞新秩序的主張解釋，這些已成為日本的國策、日本的輿論，我們決不能加以漠視、加以曲解。我們也要定一種國策、也要做成一種輿論，以謀與日本合作。「和平、反共、建國」的主張是從此而來的，國民政府還都南京是為貫徹此主張的。我們要救中國於滅亡、要復興東亞，捨此實在沒有第二條路。

　　兄弟此次在國民政府還都南京之後，在百忙中來到廣州，為的是向廣東父老子弟、諸姑姊妹說明這種用意。這種用意，和去年八月九日廣播的說話是一樣的。我們站在廣東人的地位來說，要復興廣東；站在中國人的地位來說，要復興中國；站在東亞人的地位來說，要復興東亞。

出處：

- 南京國民政府宣傳部編，《汪主席和平建國言論集》下卷（南京：國民政府宣傳部，1940年），頁203–208。
- 中央電訊出版委員會編，《汪主席和平建國言論選集》（南京：中央電訊出版委員會，1944年），頁117–120。

在北平演說和平反共

一九四〇年四月十五日

頃接北平來電，汪行政院長在北平廣播電台，周波五四〇〇廣播演講，講題為〈和平反共〉，內容如次：

　　和平所指，是中日和平。因為中日和平，東亞纔得和平，而世界和平亦於此奠其礎石。

　　所謂和平，有兩方面意義：

　　一是思想方面：必須有明確的正大觀念。日本為欲求得永久的、真正的和平，所以不以戰勝者自居；中國為欲求得永久的、真正的和平，所以雖然戰敗，卻不是屈服，而是在保持國家主權之獨立自由範圍內，與日本共同致力於中日關係之調整、掃除過去之糾紛、確立將來之親善關係，使此兩大國家、兩大民族得遂其共存共榮之發展。這不是一時的權謀術數，而是一種堅定的信仰、正確的主張。一般國民必須立此信仰、抱此主張，永久的真正的和平纔能實現。這有待全體國民之覺悟，尤有待於青年之覺悟。

　　二是行動方面：所謂經濟提攜，就是「提攜」二字，望文生義，已可知道殘廢的人不能講提攜、束縛著手足的人也不能講提攜。所以獨立自由的立場和精誠合作的表現，二者如表與裏，缺一不可。中國號稱以農立國，而米、麥二者尚須大量仰給與外國，故農村復興實為一切復興事業之最先者。然中國必非以農業國為滿足，須進而為工業國，始能立足於世界。因此與日本經濟提攜，愈感必要。當本於互惠平等之精神，長短相補、有無相通，使人才、資

本、資源三者得到合理的調劑與發展。中國必須這樣，始能脫離經濟落後的苦趣，拔出於次殖民地惡境，而成為現代的國家。

所謂反共，亦有兩方面的意義。

一是思想方面：十餘年來，中國青年為共產黨宣傳所陶醉，但是到了今日，應該豁然夢醒了。馬克思的共產主義連在蘇俄也不能實行，所謂新經濟政策、兩次五年計劃，離馬克思的共產主義已不知多少遠。至於所謂扶助世界弱小民族解除壓迫，在瓜分波蘭、侵佔芬蘭兩次戰役中，更已粉碎無餘了。要救中國、救東亞、救世界，除了實行孫先生的三民主義更無別路，這是一般青年所應當注意的。

一是行動方面：自從十六年以來，中國國民黨竭其全力從事剿共；到了二十五年十二月，共產黨餘孽快要淨盡了，忽然來一次西安事變，使他死灰復燃；再加上盧溝橋事變以來，更給他一個發展的機會。他所謂游擊戰，其實是明末之所謂流寇。如此下去，民窮財盡、國亡種滅，是無可避免的。從前的剿共方法有些可以照用的，再加以新方法，定能很迅速的並且很經濟的，就可以將他滅絕。

出處：

- 汪精衛，〈在北平演說和平反共〉，《中華新聲半月刊》第四卷第三期（1940年），頁12–13。
- 汪精衛，〈和平反共：四月九日在北平廣播〉，《平議》第一卷第六期（1940年），頁150。

實現和平實施憲政

一九四〇年四月十七日

本日兄弟來到武漢，承各界同胞如此歡迎，實在十分感愧。因時間短促，不能一一接見。特借廣播機會，和各界同胞說幾句話。

當三月二十日中央政治會議在南京開會之際，何省長[19]前來參加，表示同心協力，完成實現和平、實施憲政兩大工作。兄弟在國民政府還都南京之後前來此處，也為的是向各界同胞表示同心協力的最大希望。想起二十六年十二月國民政府由南京移至武漢辦公的時候，德國大使曾傳達日本政府關於和平的條件。其詳細情形，兄弟在〈舉一個例〉文中曾經說過。當時如果做到，和平已經開始，中日兩國保全了許多人力物力；到了現在，全面的和平早已實現，並且中日兩國人民早已享到和平的幸福了。想起來，實在痛心。過去是挽回不來的了，對於現在、對於將來加強努力，以期和平之早日到來，實在是人同此心，心同此理的。

所謂和平，最大意義是在思想上及行動上之改造；所謂善鄰友好，是掃除過去兩國間之猜嫉，本於共存共榮的原則，重新改造出一種誠信親睦的關係；所謂經濟提攜，是掃除過去兩國間之懷疑隔閡，本於互惠平等的原則，重新改造出一種有無相通、長短相補的關係；而所謂共同防共，則是達到以上兩大目的之必經途徑。兩國人民認真如此做去，定能使東亞現出和平幸福的新天地。所謂調整中日關係、所謂建設東亞新秩序，皆是從此出發的。我們應該以積極的、樂觀的精神，共同前進。

---

19 何佩瑢

　　武漢是全國東南西北交通的一個重心，武漢民眾的思想行動，其及於全國的影響至深且切。兄弟此次到來無多說話，第一是希望武漢民眾對政府同心協力，掃除和平的障礙。其掃除的方法，最好是依照〈國民政府還都宣言〉，「各前線的軍隊，必須即日停戰，以待後命；散在各處的游擊隊，必須聽候政府點驗收編」，這樣纔能使地方安靜。共匪無所憑藉，自然容易消滅了。第二是希望武漢民眾和政府同心協力，奠定憲政的基礎。現在國民政府已有明令，設立憲政實施委員會，要在最短期間「召集國民大會」「實施憲法」兩件大事籌備完成。政府既有此決心，所需要的是民眾的了解和擁護以上兩個希望。兄弟願與武漢民眾，以最大的努力，共同達到。

出處：

- 〈汪院長為視察地方政情甫由南北歸來再巡武漢〉，《南京新報》（南京），1940年4月18日，版1。

- 南京國民政府宣傳部編，《汪主席和平建國言論集》下卷（南京：國民政府宣傳部，1940年），頁209–210。

罪己的精神

一九四〇年四月二十六日

全國民眾慶祝國民政府還都擁護和平大會撰文

怎樣纔能擔負起「和平、反共、建國」的責任呢？扼要一句話，要有罪己的精神。

關於和平運動，一般人所熱烈要求的是收回主權、完成國家之獨立自由。這誠然是必要的，而且是這一次和平運動之真實意義。但是這要求如何纔可以達到呢？扼要一句話，要有罪己的精神，纔可以達到。

罪己的精神，與傲慢不同，與卑屈更不同。

何以說與傲慢不同呢？如今重慶方面還有人說，「這一次的戰爭，日本是侵略者、中國是被侵略者，所以只要日本撤兵，就一切完了。」這是徹頭徹尾的傲慢精神。釀成這一次的戰爭，中國方面全然沒有責任嗎？「中國是被侵略者」，中國何以會被侵略呢？因為中國積弱；中國何以會積弱呢？因為中國之內，軍閥縱橫、共匪猖獗；中國何以會軍閥縱橫、共匪猖獗呢？因為中國政治沒有修明、經濟沒有發達。這樣中國能說沒有責任嗎？中國以前因為傲慢弄到這步田地，如今傲慢精神還不除去，恐不至國亡種滅不止。

何以說與卑屈不同呢？有些人說，「中國因為軍事失利，眼見得抗戰到底、最後勝利是無望了，所以不得不低心下氣講求和平，以求苟延國家民族生命。」這是卑屈精神，這種卑屈精神是懦弱的、是苟且的。懦弱、苟且的人，這不能擔負起「和平、反共、建國」的責任。

然則罪己的精神是怎樣呢？我舉出以下兩點：

第一、要有深切的反省。我們如果肯將孫先生的「大亞洲主義」細心研究，便可知道，中日兩國只可為友、不可為敵；我們如果肯將事變以來，日本方面建設東亞新秩序的主張細心研究、從日本政府所宣布的國策以及日本全國的輿論一一探討，便可知道，日本確具有排除中日兩國以往糾紛、重新建立將來親善關係，共存共榮、復興東亞的大決心。我們如果肯將善鄰友好、共同防共、經濟提攜的原則細心研究，便可知道，根據這些原則以定出合理的方案俾中日兩方皆受其益，並非不可能。我們經過了這種研究之後，應該恍然大悟。從前沒有及早想到此著，以致弄得兵連禍結、民不聊生。我們應該拿著古人所說，「從前種種，譬如昨日死；以後種種，譬如今日生」的精神，重頭幹起。

第二、要有深刻的責任心。一種主張到了實行的時候，必然會發生種種窒礙、種種困難的。尤其今日，在全面和平沒有達到的時候，種種窒礙、種種困難更不能免。我們經過深刻反省之後，我們便應該先責己、後責人。例如收回主權，日本曾經屢次聲明，為要中國能夠分擔建設東亞的責任，日本不但尊重中國的主權，並且還要援助中國完成其為獨立自主國家所必須之條件。所以收回主權是沒有問題的，但是中國不要只知道盼望日本交還，中國必須知道怎樣纔能使得日本放心交還、怎樣纔能使得日本樂於交還。中國每一個人必須提起全副精神，每一件事都從改善中日兩國關係、復興東亞著想，使得每一件事都能表現出一種新精神。這種新精神，足以使中日兩國很迅速的、很穩實的走上共存共榮之路。那麼，日本自然放心交還、樂於交還的了。這是中國收回主權的第一要義。總而言之，中國必須盡其在我。古人說「責己重以周」，又說「重以周，故不怠」，這是至理名言，我們不可不確切做到。

我親愛的同胞！我在全國民眾慶祝國民政府還都、擁護和平的日子，提出「罪己」的口號，為的是鞭策自己，並互相鞭策。從前兩國交戰，戰敗的

國家要擔負賠款割地的義務，於是或者垂頭喪氣、偷生苟活，或者腐心切齒、立意報仇。如今我們所要擔負的不是這種義務，而是另一種義務。這種義務不是等閒，即是要中國與日本共同擔負復興東亞的責任，這種責任真不是等閒的。我們常常聽說「中日協力」，我們不止慚愧，而且着急。我們的政治力量、經濟力量、文化力量、軍事力量，能講得上和日本協力嗎？但是我們慚愧無用、着急無用，我們只有鞭策自己、加倍努力，以求繼續不已的進步。進步的結果，使日本覺得中國是復興東亞的一個最良的伙伴、一個不可缺少的伙伴，那麼中日兩國相依為命的關係便做成了、共存共榮的基礎便奠定了。而三年以來，兩國因為戰爭所忍受的種種犧牲，也就得到莫大的代價了。這是每一個從事「和平、反共、建國」的同志，都應該時時刻刻放在心裏，而以之為一切行動之準繩的。

最後，我還有幾句話告訴重慶方面對於和平運動抱著反對的見解的人。我深深知道，中國以內，除了共產黨及其走狗以外，沒有不想望和平的。他們所以反對和平，無非懷疑和平之不能實現。他們認定中日兩國不能共存，「及汝偕亡」實為其一切政治、軍略之出發點。如果中日兩國可以共存，那又何必走向「及汝偕亡」之路呢？

二十七年一月十六日，日本曾聲明不以國民政府為對手；同年十一月三日，日本又曾聲明日本的真正希望不在中國之滅亡，而在中國之興隆、能與日本分擔東亞的責任，並且聲明如果國民政府能放棄其抗日容共的政策、為人事的更迭，則日本必不拒其重新建立。如今國民政府還都南京，發起宣言、闡明政策之後，日本政府使節及國民使節便到來了。即此一端，可以知道和平必非不能實現，而且和平的第一步已經有事實的表現了。來罷！勿再為和平之障礙！勿使全面和平因你們的反對與懷疑而有所阻滯！和平之實現，有待我們全國民眾努力。如果努力，和平方案只有更好；如果不努力，和平方案雖好，亦徒託空言。我們於慶祝國民政府還都、擁護和平之際，格外想念你們。願意你們共同努力，向着「和平、反共、建國」的光明大道，勇猛前進！

出處：

- 汪精衛，〈罪己的精神〉，《商標公報》第一期（1940年），頁10–13。

- 南京國民政府宣傳部編，《汪主席和平建國言論集》下卷（南京：國民政府宣傳部，1940年），頁211–216。

蔣介石的磁鐵戰

一九四〇年六月十五日

我們所以獻身於和平運動，根據以下三個理由：

第一、中日兩國，只宜為友、不宜為敵。

第二、中日兩國，雖因一時不幸至於為敵，仍然應該時時刻刻覓取為友的途徑；一經得到途徑，立即轉而為友，並且為永久的友。

第三、「近衛聲明」，已經給與中國以轉敵為友的途徑了。自從「近衛聲明」以來，日本政府的方針、輿論的趨向已經漸漸一致起來。不但此也，已經漸漸形成中心勢力，統一全國的勢力。現在所期待的是，中國政府及中國人民都一齊堅決的走上這途徑。

以上三個理由，是我們所以獻身於和平運動的根源。我們根據第一個理由，即使和平一時不能實現，我們也甘為中日為友的前途而犧牲。何況第二個理由及第三個理由，尤使我們明白和平運動已漸漸的走向實現的方面。

在這時候，我們時時刻刻期待着，我們舊日的伴侶回心轉意、和我們一齊努力。雖然他們日日在咒罵我們、污衊我們，我們不願生氣、也不願灰心。我們只有嚴著牙齒、含著眼淚來期待著他們。

然而，不料在這時候，蔣介石仍然演說他的「磁鐵戰」，於是迫得我不能不再說幾句話。蔣介石的磁鐵戰，其大意不過如下：中國有的是廣土民眾，日本來攻擊的時候，只要把自己的主力軍隊保存着，便不怕甚麼。因為保

553

存着自己的主力軍隊，便可以駕御廣土民眾，不虞紛散。同時並可以驅使廣土民眾，與日本軍隊久纏不休。

什麼長期戰、焦土戰、游擊戰，什麼日本軍隊只能佔領「點」與「線」而不能佔領「面」，說穿了不過如此；而磁鐵戰的最大效能，也不過如此。但是我要問一句，這種戰法能得最後勝利嗎？不能的。

那怎麼辦呢？一、期待國際援助；二、期待日本經濟之枯竭與崩潰。國際援助，看見最近歐戰情形，大概可以付之苦笑了；日本經濟之枯竭與崩潰又如何呢？常常說道「中日戰下去，只有兩敗俱傷」，這話不完全對的。

中國戰下去，日本不免於傷，中國則只有死而已。中日戰事已經三年了，有些人看見中國公然能支持戰事至三年之久，便以為這是奇蹟，其實大謬不然。我們試看一看歷史：明朝亡國的時候，由崇禎十七年（即西曆一六四四年）清兵入關起，至永曆十六年（即西曆一六六二年）永曆帝被殺止，前後共十八年。以前清兵的連年廝殺，與以後的台灣仍然奉明正朔，尚不算在內；至於宋朝的亡國，其時間卻更長了。由高宗的偏安，以至祥興帝的蹈海，足足一百五十餘年。由此看來，區區三年，何足為久。

然則，我們因此而羨慕偏安麼？那更大謬不然。中國是一個農業國家，比起近代工業國家，神經中樞是沒有那麼集中的。大凡愈高等的動物，神經中樞愈集中。因此平時活動力強，然因此一個致命傷也就可以了事；低等的動物則不然，神經中樞散漫。譬如田雞，你將牠斬成幾塊，每塊仍然會跳動的，但是還有甚麼用處呢？

上次大戰後的德國為什麼恢復得如此容易？就是因為德國是一個高度的工業國家，一切精神、物質，容易集中、容易統一，所以受打擊雖大，而恢復也快。至於中國，雖然「點」與「線」被人佔領了，因為神經散漫，不大覺得；而「面」的凌遲碎剮總須費些時日的，似乎不妨苟延殘喘，卻不知亡得慢，恢復得也慢。宋亡之後，百年而始恢復；明亡之後，差不多三百年而始恢

復。宋亡、明亡，祇是亡於軍事，不是亡於經濟、文化。如今非宋、明時代可比，不亡則已，一亡則經濟、文化亦隨以俱亡。那麼不但恢復無期，而且所患者不只亡國，而且滅種了！

如此說來，我所說「中日戰下去，日本不免於傷，中國則只有死而已」是不是危言聳聽呢？以上的話，不但從前沒人說過，我自己亦沒有說過。因為實在不忍說，但是現在卻不忍不說。譬如父母將死，卻有一班殺人不貶眼的醫生在旁邊信口胡說，什麼金木水火土，你不由得不著急，不忍說的話也說出來。

我們舊日的伴侶，自從戰事開始以來，大約連日本的雜誌也懶得看了。須知道中國在講究長期抗戰的時候，日本也在講究長期征服。日本早就有人知道滅亡中國是要十年、二十年以上的，早講究怎樣的長期征服的方案了。然而日本也知道如果這樣幹下去，中國必死、而日本也不免於傷，所以纔有「近衛聲明」以來的大轉變。日本人不忍其國之傷，中國人難道忍其國之死嗎？

我將焦土戰、游擊戰比喻做吃砒霜藥老虎，這是確切不過的。現在不是天天鬧米貴嗎？米貴的原因在那裏呢？中國號稱以農立國，而每年糧食不能自給；麥、米兩項卻要仰給於外洋，而且仰給的數目字只有年年加大。如果時局得到安定，在政治上及科學技術上一齊着力，謀生產能力之提高，或者還可挽救。不知出此，而出於焦土戰、游擊戰。須知以農立國的國家，其根本全在農村。焦土戰、游擊戰一展開，農村便根本摧毀了，這不是吃砒霜是什麼？吃砒霜的人，是必死的；吃了吃砒霜的人的老虎，卻不是必死的，或者嘔吐一場、壞了胃口，仍然可以活著。試問是誰損失的大？

如果日本不給與中國以轉敵為友的途徑，則凡是中國人，只有出於吃砒霜的一法。如今日本已給與中國以轉敵為友的途徑了，古人有言「愛之欲其生，惡之欲其死」，我們不惜自己的死，但我們不能不求國家之生。我們不但

不願見中國之死，我們也不願見日本之傷。日本維新以來，提心吊膽，慘淡經營，致此富強，大非容易；中國幾十年來，為國民革命而奮鬥，無數先烈的血，也不應當之白流。我誠心誠意呼籲於舊日的伴侶之前，我不願鬥口，我只願摸摸良心，說幾句老實話、負些責任。

出處：

- 汪精衛，〈蔣介石的磁鐵戰〉，《行政院公報》第十期（1940年），頁22–25。
- 汪精衛，〈蔣介石的磁鐵戰〉，《社會部公報》第二期（1940年），頁15–17。
- 汪精衛，〈蔣介石的磁鐵戰〉，《平議》第二卷第五期（1940年），頁269–270。
- 南京國民政府宣傳部編，《汪主席和平建國言論集》下卷（南京：國民政府宣傳部，1940年），頁217–222。

民族意識與建設東亞新秩序

一九四〇年六月二十二日

對教育行政會議出席人員訓話

「和平、反共、建國」為一切施政方針，亦即教育方針。教育界諸君，於此應謀青年心理之改進與改造。其最扼要之點，在溝通民眾意識，使與建設東亞新秩序意識融合一致。蓋過去有兩種顧慮：

其一、以為中國若不能得到獨立自由，則建設東亞新秩序云云，不過為徹底的消滅民族意識之一代名詞。

其二、以為中國國民若不能了解建設東亞新秩序之意義，則其民族意識，不過為一種狹隘的利己排他之工具。

以上兩種顧慮應及早使之消滅，中國國民若不能愛其國，安能愛東亞；中國若不能得到獨立自由，則無分擔建設東亞新秩序之能力。此理之明者。

所謂建設東亞新秩序，自二十七年十一月三日「近衛聲明」，至今年三月十三日「米內聲明」，闡述東亞各民族各本於獨立自由之立場，向於共同目的而共同努力，此決無抹殺各民族的民族意識之意，且正欲各民族的民族意識能健全發達，以致於共同目的之充分達到。

反之，各民族若不能向於共同目的而共同努力，則其民族意識雖極堅強，適足為利己排他之觀念所利用，馴致相爭相殺，其於共存共榮相去益遠。此又理之至明者。

　　由此言之，民族意識與建設東亞新秩序意識，實相一致。教育家宜認定此點，努力於兒童及青年正確觀念之養成。東亞諸民族熱心攜手，共同掃除百年來經濟侵略之流毒，共同肅清二十餘年來共產主義，嗾使人類相斫以盡之毒辣思想，東亞始可得安寧與幸福之新天地也。

出處：

● 〈全體會員晉謁汪代主席聆訓〉，《南京新報》（南京），1940年6月23日，版3。

● 〈和平反共救國教育根本方針〉，《青島新民報》（青島），1940年6月24日，版2。

● 南京國民政府宣傳部編，《汪主席和平建國言論集》下卷（南京：國民政府宣傳部，1940年），頁227–228。

對於事變三週年之感想及期望

一九四〇年七月七日

在蘆溝橋事變發生以前，不能防止事變之發生；在事變發生以後，又不能使此事變得以早日結束。蹉跎三年，坐使全國如水益深、如火益烈。撫今思昔，曷勝感慨！

依照國際慣例，兩國不幸至於失和、至於發生戰事，其唯一的恢復和平之方法，不外停戰協定與講和條約。當此之際，戰勝國每以酷虐不堪之條件加之戰敗國，而戰敗國則每以暫時隱忍之態度謀他日之報復。惟此次日本則以毅然之決意打破此窠臼，不以戰勝國自處；而惟以先進國的風度指示出東亞各國家、各民族所必由的途徑，俾得各本於自主獨立的立場，重新建立親愛和睦的關係，以共同擔負東亞復興的責任。

自一方面說，日本不以戰敗國的責任課之中國；而自又一方面說，日本以較大的責任課之中國。這較大的責任是什麼？是復興東亞。日本因為要中國能夠分擔復興東亞的責任，所以不肯以戰敗國的條件，加重中國的壓迫、削弱中國的力量。不特此也，日本且將援助中國，完成其為獨立國家所必具的條件。此所以增加其力量、促進其發展，使之能夠分擔東亞復興的責任。

如此說來，中國目前所謂恢復和平，並非以屈辱為和平的代價，而是具有一種活潑進取的意義。這種意義，愈是青年、愈容易了解。因為青年的精神、體魄都是活潑進取的，與這種意義適相吻合。然則，全國青年都應該一致來擔負這新的責任、貢獻新的努力。然則，為什麼直到此時還會有遲疑觀望的呢？

第一、對於復興東亞的意義，還沒有十分認識和了解。其實百年來經濟侵略的毒害，孫先生在〈民族主義〉、〈大亞洲主義〉、《中國存亡問題》裏，已經痛切說明了。中國若不能解脫經濟侵略的桎梏，則將永淪於次殖民地的地位。從前中國多數青年為英、美學風所蒙蔽，對於孫先生的指示，至少口是心非；至於二十年來共產主義的毒害，則孫先生生時所不及見的，青年又未免為第三國際宣傳所蒙蔽。加之蘆溝橋事變以來，中國一般青年所戒慎恐懼的，更在彼而不在此，因之經濟侵略及共產主義，更有為淵驅魚、為叢驅雀之樂。如今只要中日關係由黑暗轉到光明，則以上兩種蒙蔽自然容易解消。何況經濟侵略到今日已成罪惡貫盈，而共產主義的猙獰面目到今日又已底蘊畢露呢！

第二、對於和平雖有熱烈的期望，但又懷疑着此期望之終歸於泡影，因此徘徊觀望、久而不決，這種人要算最多。我們只靠宣傳是不夠的，必須在力所能及之範圍以內，做出事實來給他們以一個樣本。事實宣傳相為因果，宣傳可以促進事實、事實可以證實宣傳，我們必須兩方面同時努力。但是這種人也要知道，如果盡這樣的徘徊觀望下去，整個國家、民族會斷送於徘徊觀望之中的。

第三、對於中日共存、東亞復興的遠大的理想沒有懷疑，但是眼前一兩件事實不如意便灰心喪氣起來、甚至走入歧途中去，這種人也不少。全面和平一日沒達到，不如意的事實一日難免。我們固然要盡力的消除這些不如意的事實，但是消除的方法是要研究的，不是可以着急得來的；着急已經無用，若因此而灰餒起來，甚至橫決起來，那就是對於遠大的理想背棄了、對於原來的目的不忠實了。這不是「和平、反共、建國」同志們所應有的態度。

以上三點，舉以為例。我們只要把精神、氣力集中起來，時時刻刻矯正缺點、猛向前進，則「和平、反共、建國」運動由普及而成功，是無疑的。

出處：

- 汪精衛，〈對於事變三週年之感想及期望〉，《行政院公報》第十一期（1940年），頁48–
  50。

- 南京國民政府宣傳部編，《汪主席和平建國言論集》下卷（南京：國民政府宣傳部，1940
  年），頁229–232。

因紀念「八一三」而展望全面和平

一九四〇年八月十三日

　　有人問我道：「中國的抗戰派與和平派何時始能合一呢？全面和平何時始能實現呢？」

　　我答道，中國沒有什麼派，只有一個國家、一個民族、一個為國家民族求生存獨立的共同意見；祇有極少數的共產黨，是被擯於此共同意見之外。然而這些共產黨，久矣夫不是中國人了，是應該被擯於中國人之外。那麼，中國沒有什麼派，只有一個為國家民族求生存獨立的共同意見。

　　這共同意見是什麼，是好的和平條件。詳細些說，是有益於中日兩國、有益於東亞的和平條件。如果這好的和平條件能得到呢，中國絕不會再有所謂抗戰派；反之，不能得到呢，則所謂和平派歸於失敗。這所謂失敗，不過是目前的失敗，不是永久的失敗。因為中日合作、復興東亞這條大路，遲早兩國總要共同走上的。

　　由此可知，全面和平之能否實現，視乎好的和平條件之能否獲得。好的和平條件獲得愈快，則全面和平實現亦愈快。

　　然則我們將如何獲得好的條件呢？

　　好的和平條件是中國人所共同希望的，至於如何獲得好的和平條件，則中國人所採的方法未見得盡同了。我如今舉出兩個最要不得的方法如下：

　　其一、「以為單獨與日本講和平是不容易得到好條件的，必須加上某某國方纔能得到幫助，以折衷至當。」這種打算是最要不得的。我們必須認

定，所謂「中日合作、復興東亞」不是一種門面話，而是一種有真實性的主張；不是一種權謀術數，而是一種有絕對性的信仰。如果中日兩國不能相見以誠，而欲以縱橫捭闔的手段得到外交上的效用，真所謂弄小巧成大拙。

其二、「以為日本既欲結束戰事，則中國正宜利用之，使戰事延長，因而獲得更好的和平條件。」這種打算尤其要不得。戰事愈延長，則消耗愈多、補償之必要愈加甚，只有使和平條件更不好，豈有使和平條件更好之理。

以上兩者，不但淺薄，而且乖戾。然而重慶方面往往發生此種論調，恬然不以為怪，是何故呢？一由於懷疑「好的和平條件」之能否獲得，二由於恐懼「好的和平條件」之不能獲得。而其懷疑與恐懼之來源，則在對於中日合作、復興東亞的意義，始終沒有認識清楚，始終以為這不過是一種門面話、一種權謀術數。

殊不知立國於現世界，很少能孤立的。不惟弱國不能孤立，強國也不能孤立。固然為國家打算，不可輕易與他國發生連帶關係，以致牽制了行動的自如。然而，在天然關係上（如地理、人種），在人為關係上（如道德觀念、經濟條件），兩三個國家聯合起來，各自保障並且互相保障，實在是必要的。所以日本看得在睦鄰好友、共同防共、經濟提攜的原則上面，與中國合作、復興東亞，比較藉戰勝之威使中國屈服，更來得重要。

中國如果明白此層，則用不着懷疑、用不著恐懼，只有打疊起全副精神、加倍的努力。如我在四月二十六日所講〈罪己的精神〉，使日本覺得中國實實在在是復興東亞的一個最良的伴侶，則和平條件斷沒有不好的。因為這所謂好，不但於中國好、於日本也好、於東亞也好。

出處：

● 汪精衛，〈因紀念八一三而展望全面和平〉，《中央導報》第二期（1940年），頁4–5。

● 南京國民政府宣傳部編，《汪主席和平建國言論集》下卷（南京：國民政府宣傳部，1940年），頁251–254。

向美國記者闡明國府之施政綱要

一九四〇年八月二十五日

美國記者伊本尼士夫人（Mrs Ibanez）[20]，於二十九年八月二十五日下午四時晉謁汪主席，曾對國民政府之施政方針，及中、日、美三國友好關係之確立，與汪主席作懇切之問答，原詞如後。

問：先生所努力以求實現之理想何在？以先生所處獨特之地位，必然對於國家及人民之前途具有一種信念，願聞一二。

答：吾人遵孫先生遺教，所努力以求實現之者，一為奠定中日兩國之永久和平，以建設東亞之新秩序；一為完成三民主義的中華民國之建設。中日兩國壤土相接、種族相同、文化相通，和平相安有其自然與必要。吾等之所謂致力和平者，蓋中日兩方皆知，中國之最後勝利不可期，而日本欲達其吞併目的亦不可得。戰則兩敗俱傷，和則共存共榮。兩方皆知之，且洞知之，故基於平等互惠、互相尊重主權之原則，以謀和平之實現，實為勢所應然。至於三民主義之實行，則所以求民族之獨立、民權之發達、民主之改善。使國家權力，依於民主之正軌，得以確立；不復為獨裁者利用之，以便其私圖。尤為建國必經之途徑。

問：先生將以何種綱領，實現此理想？

答：國民政府施政方針，具見於本年三月所頒佈之政綱，如尊重各友邦之正當權益，調整其關係、增進友誼；聯合各友邦以防制第三國際之擾亂陰謀；創立

---

20 Dalmyra Ibanez，其採訪汪精衛之英文紀錄可見於 "U.S. Understanding Sought by Wang, American Educator Learns in Interview" East Asia Review, vol. 4, no. 9. (September, 1940): 21–25.

國防軍隊；打破獨裁制度，實施憲政；發達產業，安定金融，復興農村；及以「和平、反共、建國」為教育方針，提高科學教育，掃除過去浮囂空泛之學風。皆其犖犖大者。

問：為實施此種綱領，當務之急，果何在乎？

答：為實現上述政綱，吾人首當基於平等互惠、互相尊重之原則，與日本調整邦交。尤願美國人士對於吾人努力於太平洋和平之確立，為之尊重而予以諒解。孫先生一生致力於中日友誼之增進，深冀由此進而求日美關係之改善。良以中日兩國友好關係，實為中、日、美三國真正友誼之先決條件。中日之友好合作，一日未確立；則中美、日美之友誼，猶未能謂已具有鞏固而適當之基礎。

問：從民主思想之觀念以視美國人，吾人能否為先生有所助力？對於具有同情、具有識見之美國人士，先生有何言相告？

答：誠然，美國人民具有真確民主理想。使能承認和平運動之原則，即為奠定東亞永久和平之原則，其所助於吾人發達到所抱之目的者，良非淺鮮。邇者，美總統羅斯福之秘書曾謂「歐洲、美洲、亞洲三洲國家，應各自聯合，處理其本洲之領土問題」，此言適與孫先生之大亞細亞洲主義相脗合。孫先生確信此實為保障太平洋永久和平之惟一基礎，深望美國愛好和平諸人士推己及人。美洲和平既繫於門羅主義，則東方之和平亦繫於孫先生之「大亞洲主義」，事同一體、初無二致。今則孫先生之主張亦為日本有識之士所贊同，「近衛聲明」其尤著者也。

出處：

- 汪精衛，〈國府施政方針及世界一般情勢〉，《社會部公報》第六、七期（1940年），頁27-28。

- 南京國民政府宣傳部編，《汪主席和平建國言論集》下卷（南京：國民政府宣傳部，1940年），頁259-262。

紀念孔子的意義

一九四〇年八月二十七日

國民政府紀念先師孔子誕辰，所采儀節，具有折衷至當的意義。自前清末造及民國以來，國人對於先師孔子的觀念，具有兩種的意義：

其一，看見西方有耶教、尊崇教主，便想尊崇儒教、以孔子為教主。殊不知宗教的特質是於現實世界之外，尚有理想世界超於其上，如所謂天堂等等。儒教則不然，子路問事鬼神，子曰「未能事人，焉能事鬼。」問死，曰「未知生，焉知死。」可見儒教所重，端在現實世界。儒教雖有祭祀，但其意義為報本，如所謂「雖蔬食菜羹，必祭」，至今鄉下猶存此俗。儒教之所謂教，非宗教之教，乃教育之教；中國尊崇孔子為先師，不尊崇孔子為教主；尊崇其啓導中國民族之道德智慧，視為萬世師表，不視為上帝化身。這正是中國的光榮。

其一，所謂世界主義、國際主義，將東、西洋文化比較，結果任意誣蔑儒教、詆毀先師，這種思想荒謬絕倫。世界上無論何種文化，皆是隨時代以進步的。不責後人不肖，卻責先民沒有好好的留貽，真是荒謬絕倫！儒教説「過則勿憚改」、説「苟日新，日日新，又日新」、説「進德」，沒有一句不責人自新、勉人進步，而他們卻説什麼「祖宗罪孽深重，不自隕滅，禍延子孫。」他們這種論調自矜為客觀，其實不過獻諛歐美，唾棄自己的國家民族。這種論調猖獗起來，可以使一般青年習於忘恩負義，其結果斷送國家民族而不恤，真可痛心。

由前之說，不過模仿歐美，忘卻本來；由後之說，則直淪中國民族於忘恩負義、禽獸不如。國民政府為要矯正這種思想，所以頒布紀念先師孔子誕辰辦法。既不如耶教聖誕日之鋪張揚厲，而又切實從喚起中國民族的自覺着想。

先師孔子教人以道德，其方法是「日日新、又日新」的，其理由卻是萬古不易。例如「仁」字，是人生最高尚、最廣大的道德。實行起來，積極方面，是己欲立而立人、己欲達而達人；消極方面，是己所不欲、勿施於人，這豈不是萬古不易的原理？至於導人以智慧，我們知道中國一切的典章文物無不源於先師孔子，無先師孔子，便無所謂中國文化。我們於先師孔子誕辰舉行紀念，一方面在道德上發生猛省，一方面在智慧上發生勇猛精進的決心。

說到時局，「子貢問政，子曰：『足食足兵，民信之矣。』子貢曰：『必不得已而去，於此三者何先？』曰：『去兵。』子貢曰：『必不得已而去，於此二者何先？』曰：『去食。自古皆有死，民無信不立。』」今日從事和平運動者，切須牢記此言。

我們從事和平運動，係因為和平可以救國，決非偷生苟活；反之，從事和平運動的人，都決心為和平運動而犧牲。孟子曰：「生亦我所欲，所欲有甚於生者，故不為苟得也；死亦我所惡，所惡有甚於死者，故患有所不避也。如使人之所欲莫甚於生，則凡可以得生者，何不用也？如使人之所惡莫甚於死，則凡可以避患者，何不為也？由是則生而有不用也，由是則可以避患而有不為也。」

這種「自古皆有死，民無信不立」的精神，是儒教的真精神。有了這種精神，方纔談得上經濟、軍事。我們從事和平運動的人，於紀念先師孔子誕辰，更應該發生猛省，勇猛精進。

∽

出處：

● 南京國民政府宣傳部編，《汪主席和平建國言論集》下卷（南京：國民政府宣傳部，1940年），頁263–266。

● 中央電訊出版委員會編，《汪主席和平建國言論選集》（南京：中央電訊出版委員會，1944年），頁143–144。

調整中日國交會議閉幕後重要談話

一九四〇年八月三十一日

中日雙方為締結互尊獨立自由之條約，曾經兩月之交涉，始告成功，當此會於八月三十一日圓滿結束時，汪主席特發表如下之談話：

　　此次中日締結條約，歷時兩月。前後正式會議十六次；非正式會談，交換意見、力求融洽，為數尤多。雙方認定中日兩國應掃除過去猜嫌，確立現在及將來之親善關係。政治上互尊獨立自由、經濟上以互惠為基調實行提攜，同心戮力以建設東亞新秩序。一方面杜絕共產主義的新毒菌，一方面肅清百年來經濟帝國主義的舊污。雙方因為有了這個最高的共同目的，所以交涉時候都能誠心誠意、從遠大處着想。使這次條約在中日的新關係上，奠定了基石。

　　這是基石，同時又可稱為樣本。為什麼呢？因為這次中日締結條約，並非是「已經全面停戰」之後纔來開始交涉的，是「一方面仍有一部份人在主張抗戰到底，因之全國以內仍不免繼續戰爭」的時候便開始交涉的，這是此次中日交涉的一種特質。我們鑒於和平途徑已開、繼續抗戰應即停止，所以盡心盡力製成可為和平基石的條約，給一般懷疑和平的人以一個極明顯的證據，使之消釋疑慮、促成全面和平。故說又可稱為樣本。

　　基石有了、樣本有了，我們從此應當一致努力、加倍努力。

出處：

- 〈在中日新關係上建立基石與樣本〉，《京報》（南京），1940年9月1日，版1。

- 南京國民政府宣傳部編，《汪主席和平建國言論集》下卷（南京：國民政府宣傳部，1940年），頁269–270。

民族主義與大亞洲主義

一九四〇年十一月十二日

總理誕辰紀念作

「余致力國民革命，凡四十年，其目的在求中國之自由平等。」中國的民族意識由孫先生集其大成，這是無疑無貳的。中國自有民族以來，民族意識即已存在，在四千多年的歷史裏充分可以表現。然而把以往的民族意識集合起來，加以現代的民族意識之淘鍊，使之成為一個繼往開來的民族主義；不但在理論上使之確立，並且在實行上領導起來，使之向前邁進。這是孫先生一生致力所在，於臨終時鄭重的說出來，把未了的責任交付與後死的同志及同胞。

今年恰恰是鴉片戰爭的百年紀念，由一八四〇年到一九四〇年這百年中，以經濟侵略為主、以武力侵略為輔的帝國主義，向着中國的民族意識不斷的加以摧殘，這摧殘不能不說是給與中國民族以相當痛苦。然而並不能致命，因為中國民族意識已經形成，無論怎樣摧殘，不能使之消滅的。愈分化，愈統一；愈高壓，愈團結。

除了摧殘之外，還有可恨的，是利用。這是共產黨的新花樣，明明主張工人無祖國，卻利用中國的民族意識大喊起救國來；明明主張階級鬥爭，卻利用中國的民族意識大喊起民族統一陣線來。這種掛羊頭賣狗肉的手段給與中國民族的痛苦，較之明目張膽來摧殘的還要利害。然而這也不能致命，因為極其作用祇能蒙蔽於一時，不久依然覺醒過來的，覺醒之後再也不會上當了。

　　孫先生逝世時，共產黨的猙獰面目還沒有暴露。我們敢決定的説，如果孫先生在，則（民國）十六年以後共產黨的流毒海內，必然可以消弭於未然；至於帝國主義之猖獗，則是孫先生國民革命的對象。

　　孫先生生於一八六六年，距鴉片戰爭二十六年；致力國民革命，始於一八八五年，距鴉片戰爭四十五年；逝世於一九二五年，距鴉片戰爭八十五年。孫先生説：「余自乙酉中法戰敗之年，始決顛覆清廷，創建民國之志。」乙酉是一八八五年，其時孫先生二十三歲[21]，看見外患如此，決非清廷所能支柱，所以決定國民革命。

　　外患之來，是以經濟侵略為主、以武力侵略為輔的，中國想要抵禦這種外患不是容易。沒有民族主義，不能喚起中國民眾的自覺、團結中國民眾的力量；沒有「大亞洲主義」，不能喚起東亞民眾的自覺、團結東亞民眾的力量。所以孫先生於十三年八月二十四日把三民主義講完之後，便於同年十一月二十八日在神戶講「大亞洲主義」。

　　遺囑説：「積四十年之經驗，深知欲達到此目的，必須喚起民眾，及聯合世界上以平等待我之民族共同奮鬥。」所謂「以平等待我之民族」，人人皆以為所指的是蘇聯。然而遺囑所説，並不是指定那一個國家，而是指定「以平等待我之民族。」如果日本以平等待我，正是「大亞洲主義」所期望的。

　　為什麼除了喚起民眾之外，還要聯合世界上以平等待我之民族共同奮鬥呢？因為以經濟侵略為主、以武力侵略為輔的帝國主義勢力已經根深蒂固，不過日本擺脫得早。因此，美國的紅色人種、澳洲的棕色人種、非洲的黑色人種已經次第被吞噬、被征服，不為魚肉、即為奴隸了。中國想要抵禦這種勢力，喚起中國民眾的自覺、團結中國民眾的力量，誠然是根本。然而若祇着眼於此，而忽略了四周的形勢，則不但不夠、而且不行。

---

21 應為二十歲

從前任何一個國家，對於「聯合」兩個字，都是不敢輕易嘗試的。因為一經聯合，則運命共同，幸則共存、不幸則共亡。為避免無謂的束縛起見，還是孤立為好。然而世界大勢，無論在經濟上、軍事上，都已經漸漸的由一國單獨行動，而進於集團行動了。聯合二字，在已經強盛的國家尚不能免，況於初起的國家、況於在落伍以後而企圖復興的國家。其為必要，更何待言。

「大亞洲主義」就是從此而來的。上頭說過美、澳、非三洲以次沈沒，輪到亞洲的黃色人種了。鴉片戰爭以來，受帝國主義侵略的不只中國，與中國同時受侵略的還有日本。不過日本擺脫得早，因此取得自由平等，先於中國數十年。只是帝國主義的侵略勢力一日不消滅，則日本一日有再受侵略的危險。就此一點，中日兩國運命原是相同的。前此雙方因為忽略了這一點，將一個相同的運命變而為相尅，這是十分痛心的事。經過同時反省之後，同時努力、同時為共同運命而努力。「大亞洲主義」，於孫先生逝世十五年後，重新放起光明，照耀着兩大民族的前途，使之攜手前進。

民族主義與「大亞洲主義」，在過去中日運命相尅時代看去，似乎不相容的。在今日中日運命共同時代，則不只是相連貫，而且可以說是相融合而成為一體了。中國若不能得到獨立自由，則無分擔東亞之資格；東亞若不解放，則中國之獨立自由終於不能得到保障，這是每一個中國人所應當銘心刻骨的。同時日本既然盼望中國分擔東亞之責任，當然以平等待我，這是自從「近衛聲明」以來，已成為不動之國策、一致之輿論。

出處：

- 汪精衛，〈民族主義與大亞洲主義〉，《社會部公報》第十二期（1940年），頁13–14。
- 南京國民政府宣傳部編，《汪主席和平建國言論集續集》（南京：國民政府宣傳部，1942年），頁7–10。

致蔣介石感電

一九四〇年十一月二十七日

中國國民黨文化傳播委員會黨史館藏有汪精衛此篇〈感電〉兩版，一長一短。據美國聖邁可學院歷史系榮譽退休教授王克文推測，短文是實際發送給蔣介石的內容，由汪氏所書；長文則是由秘書抄寫，並由汪氏校對，以作出版之用。今謄錄文連同手稿印本一併展示，短文先、長文次之。[22]

重慶蔣介石先生鑒：

中日調整國交條約已全部完成，茲於簽字以前，對於執事再進最後之忠告。此次所訂條約，基本精神在實現中日攜手協力進行，此為總理孫先生之遺教，中日共存、東亞復興所必由之道也。惟因執事仍持繼續抗戰，中國之內，戰爭狀態依然存在；伴隨此戰爭狀態而起之事實，遂亦不得不聽其存在。此種痛苦，非至全面和平實現之後不能解除。兆銘每念及倘使當日〈艷電〉得蒙采納，則在此二年間，戰後秩序已告恢復。內則修明政治，以固國本；外則與友邦結成軸心，以應世變。國力、民力早已蒸蒸日上，何至糜爛迄今尚無歸宿。靜言思之，實為痛心。現在與友邦約定，祇須恢復和平、確立治安，則二年以內撤兵完了，仍踐前諾，無所改變。為此切盼執事勿再遷延，立下決心宣布停戰，使全國人民咸得致其心力於和平之恢復、治安之確立。庶幾中國得以轉危為安，而中日兩國得以攜手協力，進行新東亞之建設。掬誠相告，佇候明斷。

汪兆銘

---

22 由本書編輯所書

重慶蔣介石先生尊中日調整國交集約之全部

完所義打虛字以前对打戰爭再進最後之忠告

此次所討東約基本精神在實現中日携手協力

遊行此四項原孙之生之遴稱中心共一府立

復興所无由之遂也惟固执国機争仍持連續抗

料中國之内料平状態依此而存在保障此戰爭

满洲鄰邦处之事實遊二不得不顅共存在此種

庸意州言当而和平奏瓿弘 汪精衛

兆銘每念及倘使當日艷電得蒙采納，則在此二年間，秩序之恢復，內則修明政治，以固國本，外則與友邦結成軸心，以應世變，國力民力早已蒸蒸日上，何至糜爛迄今尚無歸宿。靜言思之，實為痛心。現在與友邦約定，祇須恢復和平，確立治安，則二年以內撤兵完了，仍望前議無所改變，務懇切盼執事勿再遷延，立下決心，宣布停戰，使全國人民感

國民政府用箋

浄政共心力於和平之恢復治安之辦之庶成

中國得以轉危為安而中日兩國得以攜手協力

進行對東亞之建設揭誠相告佇候明斷

汪兆銘

（感電）

715?/105

（一九四〇年十一月二十七日）

國民政府用箋

重慶蔣介石先生鑒：

　　中日調整國交條約已全部完成，茲於舉行簽字之際，對於執事再進最後之忠告。此次所訂條約，基本精神在實現中日攜手協力進行。此為總理孫先生之遺教，中日共存、東亞復興所必由之道也。惟因執事仍持繼續抗戰，中國之內，戰爭狀態依然存在；伴隨此戰爭狀態而起之事實，遂亦有不得不聽其存在者。此種痛苦，非至全面和平實現之後，不能全部解除。兆銘每念及倘使當日〈艷電〉得蒙採納，則在此二年間，戰後秩序已告恢復。內則修明政治，以固國本；外則與友邦結成軸心，以應世變。國力、民力早已蒸蒸日上，何至糜爛迄今尚無歸宿。靜言思之，實為痛心。現在與友邦約定，祇須恢復和平、確立治安，則二年以內撤兵完了，仍踐前諾，無所改變。為此切盼執事勿再遷延，立下決心宣布停戰，使全國人民咸得致其心力於和平之恢復、治安之確立。兆銘痛感〈艷電〉以來，荏苒歲月，國命益殆、民病益深，故不及待執事之贊成，亦不及顧執事之反對，毅然自任和平、反共、建國之重責。惟無時不冀執事之大澈大悟，俾全面和平早日實現，故每於和平運動進入一新階段之際，必披瀝為執事一言，今猶此志。尚祈詳察，加以英斷為荷！

　　　　　　　　　　　　　　　　　　　　　　　　　　汪兆銘

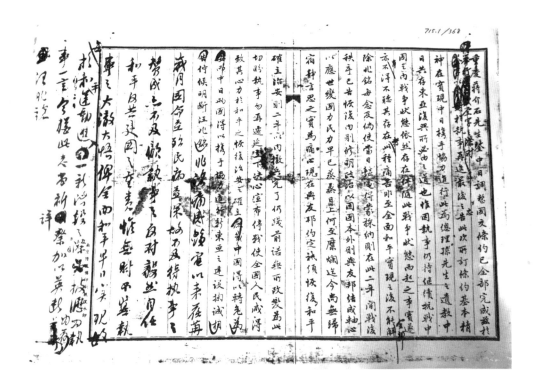

715.1/368

出處：

- 〈汪主席電蔣介石〉，《南京新報》（南京），1940年11月28日，版1。

- 〈南京國民政府宣傳部編，《汪主席和平建國言論集續集》（南京：國民政府宣傳部，1942年），頁21–22。

致日本近衛公爵函（三）

一九四〇年十二月十四日

近衛公爵閣下：

去夏東京曾聞閣下披瀝對於中日共榮、復興東亞之偉大抱負，並聞閣下殷殷注意引導青年思想，使之趨於共同目的，深佩弘識，無時敢忘。

邇來兩國有志之士，根據「建設東亞新秩序」之思想，發為「東亞聯盟」之運動，標明政治獨立、軍事同盟、經濟提攜、文化溝通四大綱領。兆銘認為此種具體表示，洵屬切要。蓋條件鮮明、主張堅定，一般青年愛國家、愛民族之心得到滿足，始能放心踏步向東亞復興、中日共榮之大道前進。此與閣下提倡善鄰友好、經濟提攜、共同防共三原則吻合無間，又與閣下所殷殷注意青年思想得所正鵠之巨識適相融會。遙想閣下對此，必樂為領導也。敝國數月以來，北京、廣州、南京等處，東亞聯盟之運動已見萌達，洎乎最近，則漸已擴大有全國統一運動之要求。

兆銘深察人心趨向，覺東亞聯盟名稱宜定，不加變更；並宜由先進國之政治領導者躬執桴鼓，為東亞倡。曾將此意為板垣將軍言之，並擬赴東京，再承塵教，藉罄心曲。茲先函達，尚祈鑒裁。餘不一一，專此。

敬請

勳安

汪兆銘謹啟
十二月十四日

∽

出處：

- 汪精衛，〈一九四〇年十二月十四日函〉，《檔案與歷史》第二期（1998年），頁47。

八：「和平反共建國」
（一九四〇至一九四三年）

所望於民國三十年者

一九四一年一月一日

　　中華民國三十年，將為劃時代之一年。中國有一句老話「三十年為一世」，中華民國成立以來，於今三十年了，何以尚未能完成建設，而且陷於如此危急存亡的境遇呢？原因雖多，而外交方針不能確定，是一個重要原因。

　　本來中國所以有國民革命，不外欲自拔於次殖民地的地位。總理孫先生在遺囑裏說得明白：「余致力國民革命，凡四十年，其目的在求中國之自由平等。」給與中國以不自由、不平等的待遇，使之陷於次殖民地的地位的，是百年來的帝國主義。中國國民革命之唯一對象，無疑的是帝國主義。可是這帝國主義的勢力非常厲害，百年以來，幾乎席捲全球。紅、棕、黑三大人種全被吞沒，黃種也被吞沒了一半，到了東亞纔遇着日本的抵禦。

　　日本在東亞是先進、中國是後起，中國國民革命之唯一援助者無疑的是日本。不幸中日兩國不能看清此點、同心禦侮，卻反互相結下冤仇。如果愈結愈深，不但中國欲自拔於次殖民地的地位冥不可得，整個東亞只怕也要相斫以盡了。只看重慶，在奄奄一息的時候，帝國主義者從荷包裏掏出幾個臭錢，一萬萬元、一千萬鎊，立刻又高喊抗戰到底起來。中國人的性命，真個就這樣的賣給帝國主義者麼？東亞真個就這樣的斷送了麼？

　　去年的一年，中日兩國忙於邦交調整。這調整的意義，是解消了從前的一切冤仇。從今以後，結成朋友，共同抵禦帝國主義。自中國來說，是完成國民革命之目的、爭取中國之自由平等；自東亞來說，是復興。這兩件事，其

實只是一件事。去年的一年是調整邦交條約之締結，今年的一年是調整邦交條約之實行。所以我說中華民國三十年，將為劃時代之一年。

東亞復興與中國自由平等是一件事，中國不能得到自由平等，則沒有能力來分擔復興東亞的責任。而中國自由平等之完全獲得，必於東亞復興中求之。因此，中國的獨立是必要的，與日本協力也是必要的。根據於這種意義，所以有東亞聯盟的運動。在政治獨立、軍事同盟、經濟提攜、文化溝通四大條件之下，各本於獨立的立場，為共同的努力。這種工作，自中華民國三十年起，一直做到成功為止。

今年的一年，重在實行。如上所述，我們要擔負實行的責任，我們先要檢討實行的力量。我們是赤手空拳來做和平運動的，這並不稀奇。一切革命事業都由創造，換句話說，都由赤手空拳得來。我們對於和平運動前途有了信心，自然有了勇氣，這便是力量。我們只要信心堅定，勇氣自然如火之燃、如泉之達。

以前「敵乎？友乎？」，旁皇於方寸之中，遲疑不決。即使沒有蘆溝橋事變，中日關係也不會好轉的。如今信心堅定了、不再猶疑了，只要努力做成可以為友的材料、努力做成可以為友的資格，不愁人家不來和你做朋友。中國固然積弱、固然戰敗，但是努力的結果，不久定然有一種新興的蓬蓬勃勃的氣象。這種氣象，是堅定的信心培養出來的。有了堅定的信心、鼓起不斷的勇氣，一切困難，可以克服；一切事業，可以創造，我們決用不着自暴自棄。

以上所述是精神方面的力量，至於物質方面呢，我們更可謂赤手空拳。舉目一看，只有萑苻、只有瘡痍。而且有許多人以為有和平即有幸福，如今幸福未到、痛苦未去，幾乎要對和平失望了。

然而我們細細一想，中日戰事尚在繼續、重慶方面正想使人民再糜爛下去、日本全國亦正在節衣縮食極端刻苦之中，和平區內的人民以為一有和平即有幸福，天下那有這樣容易的事呢？我們只有替和平、幸福先定下一個全盤

計劃，然後從最低限度着手。所謂最低限度，一是不能不要的兵力、一是不能不要的民食。

所謂兵力，是要來保障和平、開拓和平的。共匪所倡的「點線面」論是不要「面」的，所以用游擊戰、焦土戰來蹧蹋「面」；我們反之，用全力來保障「面」。換句話說，就是守土。我們每得到一塊地方，必須用全力將他守着，不讓共匪來施展游擊戰、焦土戰。這一塊地方確實的守着了，再來取第二塊地方、再來將他守着。這便是所謂保障和平、開拓和平，這是不能不需要兵力的。所以我們主張建軍，地方守得住了，在這塊地方之內的人民便可從事生聚、從事生產了。

中國以農立國，第一、自然是農村的興復。農地的整理，交通事業、金融事業、以及其他工藝事業自然也就隨以發展，於是乎人民不至於愁吃貴米了。這兩件事是全盤計劃中之最低限度，不可不於今年的一年之內就着手解決的，這真是古人所謂卑之無高論。正惟其卑之無高論，我盼望於今年的一年之內努力做到。

末了，對於全面和平有幾句話。歷史往往重演的，時代的進步未必能把歷史全行抹殺的，但至少也要把歷史縮短些。明朝亡國，流賊起於西，李自成是米脂人、張獻忠是延安人，從米脂、延安殺起，游擊戰、焦土戰遍於全國。等到國力、民力蹧蹋得一乾二淨了，滿洲從東入關，流賊也就一乾二淨，正如蝗蟲將禾食盡，自己也就餓死一樣。如今共匪的巢穴正在米脂、延安一帶，想到這裏，不寒而慄。真個歷史要重演嗎？我們在這時代，就不能努力將他重演的程途縮短些嗎？世界上斷斷乎沒有將國力任意蹧蹋而國能不亡的，中國今日除了和平反共建國，斷斷乎沒有第二條救亡的路。請站在重慶方面的同胞們和舊日同志們摸摸良心，斷斷乎不可悠悠忽忽，將今年的一年又白過了去！

三十年元旦

出處：

- 汪精衛，〈所望於民國三十年者〉，《行政院公報》第三十七期（1941年），頁12–15。
- 南京國民政府宣傳部編，《汪主席和平建國言論集續集》（南京：國民政府宣傳部，1942年），頁49–52。

中央儲備銀行開幕訓詞

一九四一年一月六日

今日是中央儲備銀行開幕第一天，也就是民國三十年，政府在復興經濟工作上第一件重要事業。大家都抱有很深切的希望與期待，是可以留得紀念的。

諸位知道國家銀行在國家財政與國民經濟兩方面，都有調濟補助之作用，任務是非常重大的。尤其在現代經濟新潮流中，活躍的金融新體制，一切業務都是以整個國家利益為前。民生主義的金融政策已日漸昌明，與從前資本主義下之銀行政策是大不相同。

過去中央銀行所發行的法幣流通全國，已為人民生命所寄託。因重慶方面濫發鈔票，維持無底抗戰，以致幣值日跌、物價飛騰不已。一方面又屬行所謂焦土戰、游擊戰，盡量破壞產業，於是人民的生活愈苦不堪言。若不從速設法救濟，四萬萬同胞恐怕要真無噍類，這是政府萬萬不忍坐視的。

改善國民經濟生活是本黨的既定的政綱，亦即是政府最大努力之所在，所以積極成立中央儲備銀行。一方面準備有效辦法，救濟惡性的通貨膨脹；一方面集中資力，擴充和平區的生產力。人民生活就可望逐步改善。周總裁與錢副總裁精心計劃、洞識機宜，必能宏此遠謨、肩此艱鉅，與各位理事、監事協力進行，以副我國家與人民之期望。

昔年，中央銀行初在廣州成立時，總理曾親臨致訓，謂銀行家恆言兌現，今宜易之為現兌。必收入現金，而後以行券兌出。語頗解頤，卻含至理。

今特誦述此訓，願到會諸君，更能引申而光大之。使一般人民切實與中央銀行合作，以舉現兌之實。則中央銀行自可穩固的發展，而國民經濟生活，亦不患無改善之日矣。

出處：

- 汪精衛，〈中央儲備銀行開幕訓詞〉，《政治月刊》第一卷第一期（1941年），頁63–64。
- 南京國民政府宣傳部編，《汪主席和平建國言論集續集》（南京:國民政府宣傳部，1942年），頁59–60。

反共與民食

一九四一年三月十二日

總理逝世十六週年紀念辭

每逢總理孫先生逝世紀念日，想起「革命尚未成功，同志仍須努力」的遺訓，格外傷感、格外興奮！如今單就反共與民食，尋繹遺教說幾句話：

三民主義是孫先生最後的著作，依著順序，民生主義尤為最後，十三年十一月北上以前方纔完稿。民生主義裏對於馬克思主義反覆辨正、不厭其詳，這是對於馬克思黨徒的耳提面命。「照馬克思的黨徒、用馬克思的辦法，來解決中國社會問題，是不可能的」、「我們主張解決民生問題的方法，不是先提出一種毫不合時用的劇烈辦法，是要用一種思患預防的辦法」，這是何等深切著明。

孫先生為甚麼這樣反對用劇烈辦法呢？因為孫先生生平主張以東方道德精神與西方物資開化，融洽為一，所以提倡博愛、提倡和平奮鬥救中國、提倡大同。對於政治經濟的改進，都盡可能的策用和平辦法，決不願以劇烈辦法，使之多所損傷；至於馬克思黨徒則正與之相反，率其殘忍之性，對於一切事物，都以破壞為快。所以劇烈辦法，正所謂習與性成。在十二、三年間，孫先生已看破馬克思黨徒的心術了，所以不憚諄諄的提撕警覺；及至孫先生於十四年逝世了後，那一般馬克思黨徒猙獰面目，已漸暴露；至十六年之後，便老老實實成為共匪，連馬克思黨徒的名稱也用不着了。因為他們已經連馬克思的學說也完全丟掉，而成為黃巢、李自成、張獻忠的繼承者了。從此之後，劇烈辦法，愈演愈兇。江西及各處經過共匪的地方，所謂萬人坑，直至今日纍纍尚

在。中國本是一個貧窮的國家，劇烈辦法沒得用之於富豪階級，只得用之於一般平民；沒得用之於奢侈品，只得用之一般人所必要的糧食。於是共匪遂成為民食之最大仇敵。

建國之首要在民生，民生之首要在民食。所以民生主義第一，第二講說明原理、原則之後，第三講關於具體事項，首先就是民食問題。「現在我們講民生主義，就是四萬萬人都有飯吃，並且要有很便宜的飯吃。」在今日吃貴米餓肚子的時候，想起這幾句遺教，格外難過。

中國自鴉片戰爭以後，受到外來經濟的壓迫，米的生產日日減少，民生主義裏已經指示無遺。倘使中國得到和平環境，遵照遺教解放農民，並實行七個加增生產的方法，那麼民食問題自然可以解決。不幸數年以來，遇到這樣空前的戰爭，隨著戰事狀態，直接間接都可以造成米貴的原因；更不幸在戰事中，夾雜共匪在裏頭，其所用「劇烈辦法」是唯恐國力不摧殘、民力不消耗。焦土戰的結果，使農村成為赤地、農田成為荒野、農具成為煨燼，米的生產只有更加減少；游擊戰的結果，使交通阻塞、無從運輸，生產地與消費地沒有調劑的可能。生產的農民與都市的消費者，兩受其害。再加上農民辛苦耕作得來的米，本來想換取貨幣或其他物品的，半途碰著游擊隊一撈一個精光。不但過去耕作的勤勞是白費了，連將來耕作的資本也無著了。如此種種，米安得不一天一天的貴起來呢？我去年曾有一段演講，將共匪譬喻做蝗蟲，是確切不過的。誰將蝗蟲散布於全國境內呢？是重慶當局。數年以來，重慶當局散布蝗蟲政策，已成了能發不能收的局面了。最近新四軍的決裂原是無可避免的，然而重慶當局還想苟且彌縫下去，這是能發不能收的十足證據。

除了蝗蟲政策之外，濫發紙幣至一百一十萬萬元，較之戰前增加七倍，對外匯率則減低百分之七六。因之洋米價格飛漲，土米價格又隨洋米價格及其他物價而高漲，這可說是蝗蟲政策之輔翼。至於奸商駔儈、操縱取利、囤積居奇，則猶米之有蠹，可說是蝗蟲政策之尾附。

　　所以今日，維持民食與反共是一件事。換句話說，要維持民食只有反共，因為反共纔能消滅一切摧殘生產、阻礙運輸的毒害。每一塊地方於肅清共匪之後，纔能使遺黎得所喘息、安居農村、耕作農田。這一塊地方肅清工作做到了，以次及於那一塊地方，從而保持聯絡、恢復交通，纔能使運輸暢通、調劑便捷。今日維持民食，治標方法尚有種種，而排除最大障礙、能消最大癥結莫過於反共，這是每一個人都要明白了解的。乾嚷肚子餓沒用、看見人家肚子餓乾着急沒用；工作要緊，齊心一意向反共的最大工作而努力要緊。

　　末了，還有一句話，《論語》子貢曰：「必不得已而去，於斯二者何先？」曰：「去食，自古皆有死，民無信不立。」《孟子》：「生亦吾所欲也，義亦吾所欲也，二者不可得兼，舍生而取義者也。」這種犧牲的精神，似乎敝屣人生，其實正是重視人生的價值。如今全中國都在水深火熱，重慶當局直接壓迫下的民眾，呻吟憔悴、所不忍言。其他地方，亦為其間接所波及。我們要拯救這些呻吟憔悴的同胞，不可不有犧牲的精神。這種精神，是純潔的、堅忍的。這種精神是反共之本源，也是維持民食之本源。我們於孫先生逝世紀念日，這種精神，格外要加以淬厲、加以振奮！

出處：

- 汪精衛，〈反共與民食〉，《行政院公報》第四十七期（1941年），頁20–23。
- 南京國民政府宣傳部編，《汪主席和平建國言論集續集》（南京：國民政府宣傳部，1942年），頁71–74。

國府還都週年紀念對朝日
新聞社記者談話

一九四一年三月二十三日

問：國府還都將屆週年，感想如何？

答：余於還都之前，曾發表〈和平宣言〉，指出：

> 關於對外調整邦交，吾人所釐訂之各種具體方案，全部公開。固有所待，惟吾人敢負責為國民保證，此等方案決不軼出近衛聲明範圍之外，且決不與其原則有所抵觸，於中國之獨立生存無所危害。

> 今條約簽訂，業已於去年十一月底成立公布。然締結條約不在形式，而在實行。故余於今年元旦論文[23]曾言，去年一年為中日基本關係條約之締結，今年一年為中日基本關係條約之實行，此實有待於中日兩方共同之努力。還都之後，余又於舉行慶祝之日，發表〈罪己的精神〉一文，余無時不持此感念也。

問：當還都週年之際，為促成全面和平起見，有無對蔣介石拍發「最後勸告」等通電之意？

答：余對渝方固常以最大之忍耐，期待其為最後之覺悟。

---

28 指〈所望於民國三十年者〉，見本冊頁585–588。

問：對於重慶方面之現況，抱何種感想？

答： 重慶方面明知局部抗戰，了無把握；明知無底戰爭，徒致生靈塗炭，無補於國家民族之獨立生存；明知共產黨徒包藏禍心，不足與言救國；明知所謂國際援助之不可靠，即有些須小惠，亦不過利用中國國民之血肉為其作對日之前哨戰，而猶妄冀苟延殘喘。此實余所最不解者。

問：對國共磨擦問題，高見如何？

答： 自十六年共產黨背叛革命以來，國民黨已絕無再行容共之理由。渝共磨擦，勢所必致；新四軍之變，咎由自取、事非偶然。縱使表面上為一時之彌縫，實不足以消弭其最後之決裂。且大多數將士、大多數民眾痛恨共黨，傾向和平之內心，日益加強，不久必相與集合於「和平反共建國」旗幟之下，可以斷言。

問：對於日美關係，尤其太平洋之和平問題，有何期望？

答： 余始終謹守民國六年，孫先生在《中國存亡問題》一書中所詔示吾人之遺訓。願以中日和平為軸心，進而求日美關係、中美關係之改善，以確保太平洋之安甯與秩序。體認現實，消弭戰端，是所望於美國。

問：願聞中國對南洋問題之態度？

答： 南洋為建設東亞新秩序之一環，亦為我東亞民族與歐美利害交織之地帶，實有覓取合理解決之必要。民族問題與資源問題，尤為急切。彼地華僑甚多，以所處之環境，故其愛獨立、反侵略之意念至堅。前此既為求中國脫離歐美侵略主義之束縛，而熱烈贊助革命。果能善為領導，則今後亦必能使之為求東亞脫離歐美侵略主義之束縛，而積極參加新秩序之建設。

問：對於第二次歐洲大戰之發展，作何觀察？

答：余雅不願對戰爭之發展為無謂之揣測，然有一事願為世人告者。余於第一次大戰後，嘗著〈人類共存主義〉[24]一文，其言有曰：

> 為今日之人類，以立於今日之世界，有一必不可忘之觀念焉。此觀念為何？人類共存是也。所謂人類共存者，謂人類當計己之生存、同時復當計及人之生存也。於是則有盡其在我者，獨立自由是已；有善與人同者，分工合作是已。合此二者，而人類共存之意義，乃得以無缺。蓋自地位而論，則為人我平等；自關係而論，則為人我相維。必如是，然後人類之生活，乃得去苦而就樂，近福而遠禍。

> 余持此觀念，期望世人「努力於人類共存主義」、「努力於抵抗人類共存主義之敵」。蓋深慮乎戰爭之結果，人類共存之基礎不能確立，則循環報復終無已時，今果不幸而舉世重被捲入戰爭之漩渦矣。在此次戰爭中，不乏明識之士以打破舊秩序為目的，以建設新秩序為職志。新秩序之基礎何在？其人類共存主義乎？此余所朝夕禱告，期與世人共勉者也。

問：對於舊法幣之將來作何觀察？又願聞對中央儲備銀行之積極發展方策。

答：中央儲備銀行之創設在建立強固之中心，以為發展經濟、鞏固金融、厚裕民生之槓桿。成立以來，既有充分之準備，復於發行數量為定期之檢查與公表，且力持不濫發、不透支、不投機之旨，用能厚植根基、推廣信用。今後發展自必一本此旨，以達成其偉大之任務。最可痛心者，重慶方面日在濫發法幣，實無異於吸吮人民之膏血，以饜其假藉戰爭中飽營私之慾壑。此種現象，殊有根本糾正之必要。惟念戰事發生以來，大多數民眾如水益深、如火益熱，所恃以資其生活之需者，惟此一紙耳。故於中儲發行兌換券之始，即明定新舊法幣等價兌換，具見吾人為大多數民眾之生計打算，不惜盡吾人力之所能及，負其責任之決心。吾人方處處盡力以維護民眾之生計，渝方則日日為惡性澎漲以摧毀之。何去何從，大多數民眾已不能不為最後之抉擇矣。

---

29 又名〈巴黎和議後之世界與中國‧緒論〉，見上冊頁102–113。

問：健全教育為立國之本，最近行將實施之「善鄰友好教育」，其具體方策如何？

答：余於〈艷電〉，即已指出：

中日兩國壤地相接，善鄰友好，有其自然與必要。歷年以來，所以背道而馳，不可不深求其故，而各自明瞭其責任。今後中國固應以善鄰友好為教育方針，日本尤應令其國民放棄其侵華、侮華之傳統思想，而在教育上確立親華之方針，以奠定兩國永久和平之基礎。

去年六月二十二日，更對教育行政會議出席人員說明[25]：

和平、反共、建國，為一切施政方針，亦即教育方針。教育界諸君，於此應謀青年心理之改進與改造。其最扼要之點，在溝通民族意識，使與建設東亞新秩序意識相合一致……教育家宜認定此點，努力於兒童及青年正確觀念之養成。東亞諸民族熱心攜手，共同掃除百年來經濟侵略之流毒，共同肅清二十餘年來共產主義，嗾使人類相斫以盡之毒辣思想。

此不僅當於課程上加以注意，課外之訓導尤為重要，而一般社會心理之改進與改造亦與此相關。蓋一般社會心理不健全，則青年學子之精神每易為所沾染也。

問：願聞關於地方政治之振興和組織之具體方案。

答：地方政治，最重要者莫過於保與養。保即地方治安之確立，養即人民生活之安定。必使人民有自治、自衛與自給其需要之能力，以此構成共同生活之單位。而後地方政治之基礎可立，其他設施乃可逐步推進，此實為千古不易之原則。以現狀而言，則澄清吏治、掃盪匪共、獎勵生產、流通物資尤為當務之急。

---

30 指〈民族意識與建設東亞新秩序〉，見本冊頁557–558

問：包含糧食對策之農村政策中，願聞其緊急對策和永久政策。

答：以余所知，今日之物資問題，一在於流通之不便、分配之不勻，一在於農村之破產、生產之不足。以是之故，一般物資之價與值間，其剪刀差日以增大，復以是之故，一般生產者更相率棄其所業而逐十一之利。生之者寡、食之者眾、不勞而獲者日以多，如此循環往復，遂成十分畸形之現象，使整個經濟瀕於絕境。故糧食對策與農村政策，治標莫急於調劑分配，治本莫要於增進生產。兩者必須同時並舉，然後農村經濟始得漸次復元，進而與言復興也。

問：倘認為建國捷徑在青年運動之展開，則願聞其方法之一二。

答：青年為推行建國工作之有力幹部，青年運動之綱要有三。一為宣傳，使一般青年對民族之處境、建國之途向有明確之認識；二為組織，使一般青年都成為建國運動之一員，集合於一中心領導之下，向着共同目標而共同努力；三為訓練，青年最大之毛病，不是浮囂、便是消沈，故必須有精密之訓練，然後能使之保持其朝氣而不頹喪、善用其勇氣而不橫決。過去青年運動，或則只有組織而無宣傳與訓練，徒使青年陷於機械式的盲從，甚至成為野心者爭權奪利之工具而不自知；或則只有宣傳而無組織與訓練，又使青年盲動、亂動，始而浮囂、終而消沈。中國今日如欲救亡圖存，必須撤去浮囂與消沈兩種習氣，此實余所切望一般愛國青年與青年運動工作人員者。

問：願聞在目前，主席期望於日本者為何種問題？

答：余所期望於日本者，邦交調整以前，在以最大之誠意締結條約、公布天下，以正世人之視聽；邦交調整以後，在以最大之努力履行條約，使其內容一一實現，以堅兩國人民對和平之信念。古語云「共樂易，共患難」，以東亞今日之處境，正兩國共憂患、同安危之時，何事不可互讓互諒，緩急相濟，守望相助乎？

三十年三月二十三日

出處：

- 〈緩急相濟守望相助努力實現中日條約〉，《京報》（南京），1941年3月24日，版1。

- 南京國民政府宣傳部編，《汪主席和平建國言論集續集》（南京：國民政府宣傳部，1942年），頁87–93。

國民政府還都一年

一九四一年三月三十日

國府還都週年紀念於國府大禮堂對全國廣播演詞

去年今日，國民政府本於中央政治會議的決議還都南京，宣布以「和平反共建國」為施政根本方針，向着實現和平、實施憲政，奮勵前進。關於實現和平，承友邦日本派遣阿部大使及國民使節前來南京、開誠商榷，中日兩國彼此協力掃除過去糾紛、開闢將來光明大道，於是中日兩方遂開始調整邦交的交涉。到了十一月三十日，中日調整邦交基本條約成立，中日滿三國宣言同時發表、彼此相約，建設以道義為基礎之新秩序，互相尊重其主權及領土，並於政治、經濟、文化等各方面講求互助敦睦之手段，以期達到共存共榮、復興東亞之共同目的。中日兩國關係，從此遂開一新紀元。

中國同志更本於此基本精神，進而發起東亞聯盟運動，標舉政治獨立、經濟合作、軍事同盟、文化溝通四大綱領，要使國於東亞之諸民族，皆得各本於自由獨立之立場，向於共同目的、共同努力，以蘄致共同幸福。關於實施憲政，基本精神在於全國有力之士不分黨派，團結一致造成中心力量，以奠定國本。中央政治委員會，即是由於此基本精神而發生成長的。及至東亞聯盟運動發起以來，國內各黨派，如共和黨、興亞建國運動本部、大民會等皆相繼為發展的解消，並且相繼加入中國國民黨，以期中心勢力得所增進，政治、經濟一切建設推動更易。此外，更有憲政實施委員會之設立，其第一步，是將五五憲草重加審議。現在分組審議已經竣事，正從事於聯合審議。總之，基本精神既已確立，則機關、組織各項問題自能為合理的解決。憲政實施，伴著和平實現而日益擴展，有必然的。

　　以上所述，是一切建設的基本方針。我相信國民政府祇有本於此方針並力前進，絕不會有所參差。至於一般施政以及社會情形是怎樣呢？我決不肯說一句客氣的話，也不肯說一句諉卸的話。一年以來，政治、經濟各種情形，不能說沒有一點進步。但是全面和平沒有實現，戰爭狀態仍然繼續，因之隨着戰爭狀態而發生之事實仍然存在，甚且日益擴大。所以在施政上，無論是行政的效率以及經濟生活的改善都受著限制與束縛，不能有充分的發展，這都是全面和平沒有實現的緣故。然則，為全面和平之障礙的是誰呢？

　　是重慶當局。重慶當局明知抗戰下去了無意義，明知和平之當及早恢復，甚至明知非反共不能和平、非和平不能建國。但是因為撇不開個人權利之私，時而首鼠兩端，時而盲人瞎馬、一意冥行，以致全面和平遲遲至今不能實現。這種誤國殃民之罪，我不能不訴之於國民的。然則重慶當局果能始終為全面之障礙嗎？這是決定不能的。我們今日唯一方法，是就國民政府力所能及之地，先做出一個和平的模範來。根據着「和平反共建國」的根本方針，聚其全力於確立治安，改善社會人民經濟生活。只要局部和平能得做好，全面和平自然到來。這正是孟子所謂「民之歸之，如水之就下」，決定不是重慶當局所能始終加以障礙的。如今且就確立治安、改善經濟生活兩者，作一些簡單的敍述。

　　在敍述以前，先有兩點要注意的：

　　第一、去年四月二十六日，我曾發表〈罪己的精神〉一篇論文。我以為實現全面和平以後，中國與日本合作的事情很多。我們如果沒有這種精神，無論那件事情都無從做起。在今日全面和平還未實現的時候，則這種精神更應該時時刻刻提撕警覺。現在治安狀況、經濟生活狀況是很痛苦的，這種痛苦固然是重慶當局給予人民的。然而國民政府既未能使重慶方面接受和平、同紓國難，則只有於可能範圍內確立治安、改善經濟生活，做得一分是一分。用不著悲觀，更用不著誇大。

　　第二、確立治安、改善經濟生活，需要精神、也需要物質。所謂物質，就是財政。勵行廉潔、嚴懲貪污、確立會計制度，是第一要著。並且對於各種建設，都應該採取重點主義，以期無一錢的濫費。尤其每用一錢，必先計較，務使用之於最緊要、最有效的所在。

　　以上兩點是一切的根本，我們由之所能做到的事，約略如下：

　　先就財政經濟方面來說，財政方面最重要者，舉例如下：

　　（一）關於歲入、歲出事項。在國府還都之初，每月預計收入約一千六百萬元，即就此分配支出。經財政當局切實調整，尚能實際適合。財政基礎，遂以樹立。惟嗣後事業費及其他必要支出，陸續增加；又以季節關係，收入不無淡旺之分，未能按月絕對平衡。但一年以來，均差足供給支應，基礎益形鞏固。近自三十年度開始，每月約需支出二千六百餘萬元，較之還都時雖已月增一千餘萬元。而財政當局所採取之穩健有效步調，非但財力得有餘裕，且能使和平建設事業邁進直前，打開種種難關。

　　（二）關於召集地方財政會議事項。財政部去年十一月一日曾召集整理地方財政會議，通過議案四十餘件，已由各省市切實執行。地方財政漸已趨入調整之境，所印會議彙編頗為詳盡，足資參證。

　　（三）關於開辦中央儲備銀行事項。財政部於上年五月間，所籌備設立之中央儲備銀行，業於本年一月六日正式成立。現在上海分行，蘇州、杭州支行，亦已相繼開業、發行新幣，已著信用。此後調整物資、平衡金融，皆當逐步推進。

　　（四）關於增加稅率事項。關、鹽、統三稅，本是財政上大宗收入，均經加以慎重考核。非有特殊性質、不妨礙民生的，絕不輕事增加稅率。例如菜蔬、蛋類免除轉口稅之類，與增高捲菸、雪茄、洋酒、啤酒等稅率，先後實行。於增加收入之中，仍寓有減輕負擔之意。

（五）關於開徵所得稅事項。所得稅係向納稅者直接徵收，較間接稅之得以轉嫁者不同，實為財政上之良稅。現在對於公務員薪給報酬所得，業已實行課稅。其他如第一類營利事業所得與第三類之證券存款所得，俟屆適當時期，亦擬着手開徵。

（六）關於整理鹽場事項。鹽為人民食用所必需，我國鹽產雖有海鹽、池鹽、井鹽之別，而以海鹽產量為最多。海州鹽場自事變以來，煮鹽設備又蒙天災之損失，產鹽數量驟減。現在依照計劃實行恢復鹽場、增加產量，用供民食。廣東省之鹽務機關並已調整就緒，收效頗大。鹽政設施將來自不難逐漸恢復，使鹽之供給充裕、售價低減。

（七）關於廢除苛雜。苛捐雜稅擾害民生，國府還都之始即宣布明令，切實廢除。

以上七端，不過舉例。總之，歲出入之平衡，實為財務行政最要之樞紐；而地方財政之整理，又為國家財政之基本。故財政部首先注重及此。國之本在民，廢除苛雜、增加鹽產即所以培養元氣，而國民擔稅能力之伸縮性亦即寓於其中。至若國家銀行之設立，重在活動金融、調節經濟、增稅等項，則不過財政政策一時之效用，藉以謀收支雙方之適合而已。

經濟方面，去年三月二十日，日本軍總司令部已有軍管理工廠交還之宣告。五月間，工商部成立日本軍管理工廠接收委員會，去年十月收回四廠、十二月收回四廠、本年二月收回六廠，共十四廠：計紡織廠三，機器染織廠二，麵粉廠、水泥廠、製造機器廠、毛紡織廠、橡膠廠、軋花廠、紡織印染整理廠、襪衫廠、銅廠各一；又中日廠商自行協議，或合辦、或收買，經日本大使館函知工商部解除軍管理者五廠：計機器鍊染廠、漂染廠、麵粉廠、紗廠、造紙廠各一；又廣東方面所收回的：計有電力廠、自來水廠、士敏土廠、飲料廠、紡織廠、硫酸蘇打廠、肥田料廠、紙廠各一，糖廠二。此十廠均粵省省營或市營事業，其中電力廠、自來水廠、士敏土廠、糖廠、飲料廠收回後，由省

府仍委原經營日商暫代經營，紙廠還有若干交涉事宜。綜計業已收回工廠，至三十年三月止，共達二十有八廠。凡此都是友邦尊重中國主權、援助中國恢復經濟繁榮並謀其發達的善意表示，中國應該更加奮發從事振興。現時工商部所着手辦理者，舉例如下：

（一）因為要明瞭戰後工業現狀，特咨行各省市政府，依照部頒工廠登記規則，舉行工廠登記，以資考核。

（二）全國工廠狀況，除由工商部直接調查統計外，並咨行各地方政府分別調查，以供擬訂復興計劃之參考。

（三）關於發展工業金融、復興紡織工業、復興華中麵粉工業等，均已擬有具體計劃。

（四）草擬「協助工廠復業暫行辦法」。

（五）修改管理小型製絲工廠辦法。

（六）恢復全國度量衡製造所，督促各省市設立檢定所，舉辦檢定人員登記，並核定度量衡各種章則。

（七）整理技師、技副登記證，已由工商、農礦兩部會同擬辦。

（八）增進各商業行政機關之工作，如商標局、商品檢驗局、茶葉絲繭兩運銷管理局等。經一年來之整頓，商標、商檢兩局工作已漸恢復戰前常態，兩運銷管理局亦已漸入正軌，對於茶、絲之出口有所裨補。

（九）關於商業團體，如京滬兩市商會，已經工商、社會兩部予以整理，並由兩部令飭從速恢復各同業工會，使各種商業團體之組織日臻健全。

（十）籌設國際貿易局，為謀統制對外貿易以謀平衡本國之國際收支及鞏固新法幣之基礎起見，工商部已擬訂方案，準備從新設置國際貿易局及國際貿易公司，統籌辦理此項統制事宜。

（十一）整理公司商號登記及查驗會計師證書。

以上所述，只是關於工商部分之舉例，農礦、交通、鐵道各部分亦在同樣積極進行。

一年以來，交通工作之足述者，郵政方面首先收回郵權，直接由部方指揮監督，並統一郵政管理。於去年九月二十三日，全國同時增加郵資，毫無畛域之分。至蘇、浙、皖區儲金業務，最近已剋期恢復，將原儲、新儲劃分清楚，交各地郵局兼理。由部改訂規章，嚴密監督；電政方面，與宣傳部協力接收、改組各地電台；航政方面，除整理上海航政局外，並審察航務實況，恢復廣州等處航政局。同時積極整頓船業公會，以減輕船戶負擔；道路方面，鐵路損失較公路為重。還都以來，中日雙方開誠商榷。鐵道事業仍本於中國之旨趣，以國有國營為原則。惟在全國和平尚未實現、戰爭狀態仍在繼續的時候，只能於可能範圍內加以調整；農礦事業，對於國民經濟關係至大，亦正在計劃進行中。

經濟部門，雖各有專司，然其性質是互相關聯的，並且是整個的。最近行政院有經濟委員會之組織，以院長為委員長，副院長為副委員長，財政、工商、農礦、交通、鐵道五部部長為委員；其他各部會長，有必要時亦得出席。此所以謀整個經濟現狀之改善，與整個經濟計劃之進行。專就中國來說，是要發展經濟，以充實民力、充實國力；就中日兩國關係來說，是要實行經濟提攜，以共謀東亞之繁榮。責任至大，所當並力以赴的。

於此還有一件重大的事要特別提出報告，就是米的問題。「民以食為天」、「中國以農立國」，這是人人知道的。然而事變以前，中國的米就不夠吃。海關統計，米的入口數目字年年增加，事變以後情形就更嚴重了。「大兵

之後，必有凶年」，這是不可免的事實，何況加以匪共的游擊戰、焦土戰，以致生產日以短少、交通日以阻塞，米之一天一天的貴起來更是勢所必至。加以重慶當局濫發紙幣、上海奸商投機漁利，一般人民更是慄慄不可終日。

治本的方法，只有清除匪共、安定農村，並用種種科學方法、政治手段來獎勵農業、增進生產；至於治標方法，則只有先從事於平定米價、調劑盈虛了。糧食管理委員會之設置，即是擔負此緊急的使命的。自上年十月開始工作以來，即注全力於此。其工作經過概況如次：米價之漲多半由於競買居奇，京、鎮一帶米價向以皖南、蕪湖為標準，蘇、常一帶向隨上海租界而漲落。近經種種設施，上海與內地漸將脫離聯繫，故蘇、常米價尚不至與上海相等。糧委會復注力於蕪湖米價，特訂徵集米穀辦法。督飭糧食公會組織聯合辦事處、在一個機構之下限定價格、集中收買，不准各方自由競收。最近米價雖以貨稀見漲，尚未容許突破七十元之關。一面由政府購備米穀、盡量補充，故京、鎮一帶米價尚能保持官定之限價。假如不加統制，恐蕪湖市價早達一百元、而京、鎮一帶亦已超出百數十元了。以上所述，是防止競買居奇。

至於調劑盈虛，上年米穀歉收，各地匪患未靖。專就蘇浙皖三省、京滬兩市已經恢復秩序之地帶而論，其產米總額僅兩千四百餘萬石，按其消量需二千九百餘萬石，不足五百餘萬石。近來各地人民雖大半兼吃雜糧，但約計所缺尚多。業經糧委會努力補充，並承友邦竭誠贊助，近已購備五分之四，足敷維持至新穀登場之需，現已陸續分運南京、鎮江、丹陽、南通、杭州、蕪湖、蚌埠等處，接濟民食。一面仍在繼續搜購，總使青黃不接之時期，民食得告無虞。要之，米的問題誠然是當前最嚴重的問題，政府竭其全力從事應付。去年夏間，公務員捐薪以助平糶，財政部並於萬分拮据之中籌措巨款，以添購米糧，這是外間所知道的。至於其中繁雜曲折，一時未易盡説，只能概括一句——政府必盡全力以負全責而已。

　　糧食管理委員會的使命不過治標而已，至於治本，則不但是農礦部的責任，而且是行政院的責任，並且是國民政府全體的責任。我們時時刻刻想著「民以食為天」、「中國以農立國」，中國想由農業國進於工業國，必須在農業上有大大的改進。這是一切經濟政策之出發點，我們只有盡力從事。

　　中國今日人民痛苦，固在米的問題，而其他痛苦亦須顧及。國府還都以後，鑑於各地災情之重、災區之廣，設置振務委員會，擔任振災的工作。當四、五月間，正是青黃不接、糧食騰貴的時候。於財政拮据之中撥振款一百萬元，辦理蘇浙皖粵四省及京滬二市平糶，先後實撥一百二十四萬餘元；首都及江浙兩省會又加辦急振，動支二十六萬餘元；及至新穀登場，又即籌辦冬振，除四省二市外，兼及贛湘鄂豫四省及漢口市，計共八省三市，實撥振款一百三十八萬餘元。此三項施振，連同其他零星振濟，一年間支撥振款計達三百萬元（其中，國府於正款之外，加撥四十萬元）。首都方面，由振務委員會與各部會地方機關、團體協力辦理冬振，集款達七十萬元，受振者十六萬餘人；並直接管理救濟事業，經常收容二千二百餘人，冬振期間曾達三千四百餘人。此外，江浙兩省覆車慘劇及匪災火患亦盡力施救，略同義振團體。所可惜的是各地方交通未盡暢達，每每為人力所不及。以上所述限於振款，而振款之外，還有救災準備金五十四萬元。以後如果財政狀況許可，還要逐月增加的。

　　此外水利關係亦極重要，水利的反面即為水災。水利委員會不斷的培修江堤、運堤、淮堤、海塘，以防潰決之禍；而籌堵黃河中牟決口，則尤為重要，現已由國民政府特設籌堵委員會專司其事；而中牟以東至利津約長一千餘里之黃水入海故道已多淤塞，如果不從事疏浚、以利宣洩，則魯豫等省此堵彼決、為患無窮，這亦當深切注意而慎重從事的。

　　以上所述是經濟生活方面，與經濟生活相輔而行的是文化生活。二十七年十二月二十九日，我在〈艷電〉裏曾經鄭重提出，要在教育思想上確立方針，以奠定兩國永久和平之基。去年十一月三十日，〈中日基本關係條約〉

裏對於文化之融合、創造及發展，尤有鄭重的規定。改造事實應從改造心理着手，這是必然的。還都以來，除行政院原有教育部外，新設宣傳、社會兩部。這兩部在事變前是設在中國國民黨中央執行委員會裏的，還都以後改設在行政院裏。社會部除社會事業外，並致力於社會運動，其於教育宣傳關係極深；宣傳部將政府的主義、政策宣傳於社會民眾，使之了解、使之奉行，其於社會教育關係亦極深。三部合力的結果，一年以來，於文化上已有不少的貢獻。關於宣傳方面的重要之例，約舉如下：

（一）為新聞報道機構之調整。首於去年五月，合併中聯社、中華社，成立中央電訊社為代表國家統一新聞電訊之唯一機關；次即改組中聯販賣部為中央書報發行所，接收報業聯絡室、改組為中央報業經理處，以輔助各報發行上、廣告上、設備上之發展，並以謀報業經營之合理化。

（二）為上海新聞檢查所之接收，由宣傳部直接行使新聞檢查權。

（三）為電影檢查委員會之設立，收回電影檢查權。

（四）為中華電影公司之調整。

（五）為中國廣播事業建設協會之設立，接收、改組各地電台。

（六）為各地宣傳機構之調整，制定省市宣傳處組織規程、省市宣傳會議組織通則，頒布施行。

（七）為宣傳幹部人員之訓練，中央宣傳講習所業已舉辦至第二期。綜合言之，一年以來，宣傳機構逐步確立，宣傳工作逐步推進，其有需交涉調整者亦皆已圓滿解決。就中尤以廣播事業一項，各地電台原為事變後日本方面所經營者，機件設備、耗費不貲。今以寄附或借讓方式無條件供協會使用，在在均足以見友邦尊重我國主權之決心與宣傳合作之誠意。我以為這樣努力不懈的做去，對於改造心理，以為中日兩國新關係及東亞新秩序之心理的基礎，必有巨大的效果。

關於教育方面，先就教育方針來說。教育之真價，首在教育方針是否能獨立自主。關於此點，一般人必以為和平區內之教育必闕獨立自主性。然我們以實際一年間經過，敢向國人切實證明，此種揣測實為錯誤。現在試舉幾個例如下：

（一）各大、中、小學校學生，還都以來，概已一致恢復唱國歌。

（二）國民政府所實行之學制，在維新政府時期曾偶改為日本之五年制，然現在已恢復三三制。

（三）中、小學校教科用書可由教育部自行編輯，除反日、排日資料已由我們改換善鄰友好資料外，其他闡發國家與民族的意識的資料仍自由編配、毫無窒礙。

（四）各學校課程，除外國語一種加授日語外，其他與事變前一無所異。

（五）訓育方針，在此一年中，曾由教育部召集各省市教育當局詳加討論、擬訂方案，友邦方面從無絲毫干涉。

（六）學校內之軍訓以及童子軍教育，亦已次第恢復。

（七）體育一科，由教育部頒發國民體操圖說，各省市已通行了。

總之，以往一年間的教育方針，除反日、排日一點已與友邦方面約定，彼此改採互尊互親之方針外，一切俱保持獨立自主之精神。〈艷電〉所說：

中日兩國壤地相接，善鄰友好有其自然與必要。歷年以來，所以背道而馳，不可不深求其故，而各自明瞭其責任。今後中國固應以善鄰友好為教育方針；日本尤應令其國民放棄其侵華、侮華之傳統思想，而在教育上確立親華之方針，以奠定兩國永久和平之基礎。

　　還都以來，我們對於這一點實已努力做到。而日本方面對於我們之援助及不干涉，是令我們十分感奮的。再就國民教育之實際來說，亦在著著推動。雖各市縣地方破壞之後，地方教育費苦無所出，然中央以左列各種方法補救之：

　　（一）補助大量之教育經費。蘇浙皖三省、京滬兩市，中央負擔之補助教育費年達三百萬以上。（粵鄂兩地及北方俱能就地自籌）

　　（二）由中央直接培養師資。各地方中、小學師資，事變後質、量兩有問題。而各省市未能恢復師範學校，遂在首都地方創設國立師範學校，以圖師資之補充與改進。

　　（三）事變後各地私塾林立，實為輔助國民教育之有力旁枝。中央對各地私塾非但不加取締，且採扶持輔導方針，俾分普及教育之勞。

　　（四）於正常小學及私塾外，中央對於各地方已經恢復之民眾教育館，更督促其以實施補習教育為中心工作。中央並編發民眾讀本，俾各地方大興民眾學校。中央且更創立一補習教育新體制，以達提高國民教育及補充職業技能之兩目的。

　　（五）另對教育學術團體，獎進其協助推進國民教育工作。如中國教育建設協會之舉辦多數簡易小學、中國兒童教育協會之舉辦報童學校與婦女慈儉學會之舉辦難童學校等，中央均與以精神、物質兩方面之提倡。即在宗教團體所立學校，中央亦不採干涉主義，而設法命其自動改進。

　　因上種種設施，雖不敢謂文盲已經掃除，然正在向掃除文盲方面邁進，以植立事變後復興之基礎，則可舉以告諸國人的。再就高等教育之復興來說，事變中損害最甚者實為高等教育，因之恢復工作亦大不易，因為校舍與物質兩俱無存。然各地方公、私立中學已如雨後春筍，則中學畢業生不能不有升學地點。且為國家造就專門人才計，高等教育之復興亦甚急要。因之除廣東大

學繼北京大學而恢復外，中央且於還都以後，即着手恢復中央大學，四月間即成立中央大學復校籌備委員會。七月二十五日正式復校，設置文、法商、教育、理工、農、醫藥等六學院，此外另設文實兩先修班、師範農業專修科等之培育，從學人數計達六百餘人。第一年即撥經費百萬元，從事設備。武漢、上海兩地，亦正在籌擬促進公、私立大學。

事變前，各大學失之濫設。今後一面復興、一面並預防濫設，以期養成深造的人才。再就生產教育之提倡來說，事變後第一難題厥在社會困窮，實為教育上最應注意之點。故對原有之中學制，正在力圖根本改進。在未改進以前，先竭力提倡生產教育。除編譯《學徒教育》、《青年學校》、《生產教育》各書，以促起各界注意外，並由中央創設國立第一、第二職業學校於首都，並規劃第三國立職業學校於上海。一面更督令各省市地方限制普通高級中學，而多設職業學校。現在如蘇州、杭州、崐山、蚌埠、滁縣各地方，均有公立職業學校，其他私立職業學校亦均聞風興起。雖成效尚待切實推進，生產教育之基礎則已稍稍樹立。

從來教育通病在製造高等游民，今後擬竭力矯除，以宏教育之實效，而適合社會之要求。即在社會教育方面，亦已以推進生產技能，與公民訓練、補習之學校為中心事業。再就文化機關之新設與恢復來說，除中央大學已經恢復外，其他文化機關，如中央圖書館，不獨可集中文獻，且為社會教育之中心；如編譯館，不獨可出版教科書以外之參考書籍，且可集中一部分學者研究學術，均於還都後次第恢復。事變後，各中等學校最感困難者為理科設備，現在首都已有國立理科實驗所之設立。更鑒於各地方學校理科設備之困難，即在該所內籌設一標本製造所，以廉價分給各地方。此亦可告慰於國人的。

關於社會事業及社會運動方面，國民政府還都之始，為適應時代之要求、針對現實之需要，於行政院之下增設社會部，使之執行社會政策、掌理社會行政。其性質略同日本之厚生省、英法德之勞工部、蘇聯之勞工委員會，與

德國之失業部、法國之公共訓練部、意大利之法團部亦復相似。成立以來，關於社會政策之施行、社會事業之推進與夫人民團體之指導監督、民眾之組織訓練，皆能於其中斟酌緩急、次第推行。舉其簡要者，如勞資糾紛之調解與消弭、勞資協作之促進、社會福利事業之倡辦、公益救濟事業之改進、合作事業之改善與推廣、合作人員之徵集與訓練、各種人民團體之整理、民眾組訓工作之勵行及各省市社運分會之設立等，均能把握現實、切實工作。該部為新創之行政機構，綜其任務，在將一切社會問題覓取合理解決之道，使人民受其福利、社會趨於健全，並納人民之思想、行動於正軌，使之與國策脗合一致，共集於「和平反共建國」旗幟之下，一致為復興而努力。

最近有一事應該提出特別報告：日本大使館通知外交部，將此次事變，在南京、杭州、上海等處所蒐集、保管、整理的文化資料及設備移交中國，其中資料部份：

（一）南京、杭州、上海保管之圖書、雜誌、其他出版物及圖畫；

（二）南京保管之檔案；

（三）南京、杭州保管之學術標本類；

（四）南京保管之古物。

設備部份：

（一）南京紫金山天文台；

（二）南京北極閣氣象台及地震儀；

（三）南京前中央研究院之建築；

（四）南京前實業部地質調查所之建築；

（五）杭州前浙江省立西湖博物館之建築；

（六）杭州前浙江省立圖書館孤山分館之建築。

以上各種資料、設備，不惟不罹兵燹，並且經日本方面加以整理。其中有因此而殉職者，而且連同附加的物件及設備一併移交。其愛惜中國文化，防其散佚、謀其復興之熱忱，實在令人感佩。現在組織文化保管委員會慎重接收，並繼續努力謀其發展，以期毋負在東方文化上互相協力之盛意。

關於僑務，注重使華僑明瞭和平反共建國之大義，於宣傳教育、社會運動各方面，都有相當努力。華僑與祖國安危休戚息息相關，從前被重慶方面矇蔽住了，如今宣傳與事實日益證明，將來必能以其力量貢獻於和平反共建國運動。關於邊疆，注重在腹地與邊地之休戚相關及國內民族之協和。其於和平反共建國運動，關係亦至重要。

以上所說，都是關於改善經濟生活與文化生活。如今就於確立治安，也敘說幾句。確立治安與改善生活，互為因果的。治安愈確立，生活愈改善；同時治安愈改善，生活也愈確立。因為治安確立，人民始能安居樂業，從事經濟的開發；生活改善，除了極少數的搗亂分子之外，誰也不願做社會的蟊賊。所以國民政府還都以來，對於兩方面同時並進。

擔任確立治安責任的，是內政部、警政部、司法行政部和軍事委員會。

先就內政部來說。還都以來，曾召集民政會議，督促各省取消各縣自治會、維持會或縣政府籌備處等等名目，恢復原有縣制；督促各省對於任免各縣縣長，應依照法定手續辦理；訓練縣政人員，添設現任縣長訓練班。以期地方行政，逐漸健全。其關於衛生行政方面的，成立杭州、蕪湖、蚌埠各處省醫院，擴充中央醫院設備；並特撥鉅款，籌建第二中央醫院；修訂中央醫院及防疫科、衛生實驗科暨省縣醫院組織規程；修訂醫師、藥師、助產士暫行條例；修訂護士、中藥成藥藥商各規則；衛生訓練所先後成立護士班、高級護士班及助產護士班；其餘如辦理土地徵收、調查土地登記、徵集各省市縣圖誌、審核

上海市建設計劃、調查名勝古蹟古物、推進褒揚善行、審核內政各項統計、頒發各種內政調查表式、繪製各種統計圖表，都在積極進行。

再就警政部來說。還都以來，鑑於確立治安之重要，特設警政部。成立以來，調整各地警察機構、召開全國警政會議、整理各地警察人事、調訓各級幹部，俾警察效率得以增進；協助司法行政部，收回上海第二特區地方法院；設立全國感化院；恢復京滬、滬杭甬鐵路警務處，均是犖犖大者。還有一件，是加強警察與特工之團結。因為匪共及和平蟊賊，對於和平運動種種破壞、無所不用其極，因之不能不嚴密防範，以期消弭隱患。惟是手段雖然嚴密，用心卻極其仁恕。所拿獲的犯人只要真心悔過，無不予以自新，這是人所共見的事實。

再就司法行政部來說。一年以來，工作推進約舉如下：

（一）管轄區域之擴張。除蘇浙皖冀魯晉豫七省各級法院，自還都以來即隸屬於國府外，粵鄂兩省的亦相繼恢復或改組，又鄂省高院暫兼理湘贛兩省司法，上海第二特區法院監所亦於去年十一月改隸中央。統計管轄區域十一省及上海第二特區，共有檢察署及檢察分署各一所、高等法院九所、高等分院五所、地方法院四十三所、監獄十七所、看守所四十三所，平均每月處理民、刑訴訟等案件一萬六千餘件。

（二）法院之調整。為符合法院組織法，將江甯地方法院仍改為首都地方法院，並將其組織大綱加以修訂，崐山等七處地方分院恢復為地方法院，浦東、滬西分院歸併於上海地方法院，以符舊制。

（三）減輕人民訴訟負擔。凡以前各法院呈部核准加徵之訟費、依職權送達裁判正本之抄錄費等，概經明令禁止徵收。

（四）司法人員之訓練。司法行政部附設之法官訓練所，本年已有書記官班及監獄官班受訓學生畢業。當即依據畢業考試成績，分發各法院任職或

實習。事變後，武漢設有司法訓練所，有法官班受訓學生一班。因該所之存在不合體制，已令本部法官訓練所派員到漢舉行畢業及甄別考試。及格者分別派往各法院任職或實習，不及格者調京繼續受訓，武漢司法訓練所即予裁撤。

（五）監督所屬。為防止人民蒙受審判上不公允之待遇，司法行政部特公布「收受人民呈遞書狀辦法」調查細則，收效甚宏。同時嚴令各級法院，不得濫予羈押人犯。

（六）辦理赦免、減刑。關於赦免案件，早已辦理完竣，計被赦者七百八十名；減刑案件亦即將辦理完畢，據最近統計，被減刑者三千八百四十八人。

（七）司法統計表冊關係重大。以前之司法統計表冊，率係歷年湊編而成，未免繁簡失當、格式差異，有重複的、有錯誤的。現已將月報、年報、各種統計表冊，均予修訂公布。

至於軍事委員會之工作，因關係祕密，有許多不能公開報告的。本來軍事目的在於國防，中國自今以後，要根據中日基本關係條約及中日滿三國共同宣言，結成東亞軸心，以保衛東亞的和平，進而保障世界的和平。這是建國之目的，同時也就是建軍之目的。本於這個目的，中國軍隊的精神要從新振作。自從鴉片戰爭以來，中國軍隊不知道愛國的不用說了，知道愛國而不知所以愛之之道，則名為愛國，實則誤國。我們應該知道，沒有東亞，斷不會有中國；我們更應該知道，如果不和東亞先進國結合一致，則保不住東亞，也就保不住中國。所以愛中國與愛東亞是一條心的，這是建國的新精神，也就是建軍的新精神，將來一切國防計劃都從此點出發。

至於目前，則當務之急惟在確立治安。本來確立治安是警察的責任，但是目前確立治安的責任，軍隊不能不分擔。因為事變以來，共匪假借抗戰名義，想把整個中國化為第三國際侵略東亞以至侵略世界之地盤。三年有半以來，無日不汲汲於擴充自己的軍隊。所謂游擊戰、焦土戰，無非以人民為食

糧，來養肥自己的軍隊。這種殘民以逞的不正當武力，只有為國、為民的武力纔能打破他。重慶當局不足以語此，只有由我們擔任起來了。以軍隊來做摧陷廓清的工作、以警察來做細針密縷的工作，兩者並用，匪共纔能肅清、治安纔能確立。去年十一月三十日簽訂中日基本關係條約時，附屬議定書第三條明白規定「於兩國間恢復全面和平、戰爭狀態終了時，開始撤兵，並應伴治安確立，二年以內撤兵完畢。」我們看了這規定便可知道，我們今日，第一步要將和平區域內匪患肅清，第二步要將和平區域擴展起來至於全國。必須這樣，中國纔保得住；必須這樣，中國纔能得到獨立自由。所以中國建軍之目的，就遠大說，是國防；就切近說，是確立治安。

軍事委員會便是基於此目的而成立的，委員長由國民政府主席兼任。所統屬的，有參謀本部、軍事參議院、軍事訓練部、政治訓練部、軍政部、海軍部、航空署等。還都以來，軍事建設集中於此，如今將其概略舉例如左：

關於陸軍方面的：

（一）國內各處部隊受「和平反共建國」的感召，先後來歸的，計有二十個師、六個獨立旅、三個獨立團，共計人數約二十萬餘名，其武器裝具均配備齊全。飭由方面軍總司令及各綏靖總司令、各綏靖主任分別統率，擔任清剿匪共事宜。

（二）最近李長江率部三萬餘來歸，亦經特派為第一集團軍總司令，其部隊正在改編中。

（三）華北現有七個集團軍，計轄三十個團、約五萬人，分任華北治安、肅清匪共之責。

（四）江蘇、浙江、安徽、湖北、廣東暨南京、上海、漢口各省市，武裝警察次第成立，合計不下二萬人，其他地方自衛團隊尚不在內。

（五）陸軍軍事教育，業經分別舉辦中央軍校，廣州、武漢分校及軍士教導團，現正加緊訓練，儲備建設新軍下級幹部，並增強軍事力量。

關於海軍方面的：

（一）造就人才。中央海軍學校由水巡學校改組而成，第一期學生，乙種十一名，已畢業練習中。甲種三十五名，行將畢業；第二期學生，一百四十一名，已修業一年；第三期學生，招考在即。練兵內分水兵、輪機兵、看護兵、軍需兵、管鴿兵及特修各科，已畢業四期，共計一千三百六十餘人。

（二）建造艦艇。除舊有艦艇海綏、海靖、江綏、江靖及接收之永績命名為海興外，另造江平及砲艇十二艘；江一號級砲艇十八艘；改裝測量艇和風、江風、綏和、靖平等四艘；接收威海衛時，友邦又歸還永翔軍艦，命名為海祥；另有砲艇四艘。

（三）設立要港部及基地部隊。南京為首都所在地，特先成立南京要港部，統轄長江下游各基地隊及駐泊艦艇，以拱衛近畿；沿江要點，如南京、江陰均成立基地隊；無錫、閔行均成立基地區隊；威海衛為華北海疆要衝，特設基地部以統轄華北砲艇隊及青島、煙台、海州、石島、石臼所各基地區隊。

（四）測量水路。設立水路測量局，專司測量水路及繪製海圖事宜。並設水路士官技術養成所，以造就測量人材。

關於空軍方面：

自還都以後，即有譚世昌駕機來歸。飛行及機械人員來歸者，前後已有數十人。關於設立航空學校、建設航空根據地、培養航空人員，亦正在積極籌備進行。

於此有須特別提出的，在全面和平尚未實現的時候，有許多人以為國府在軍事方面必不能得到友邦的援助，而其實際則大不然。友邦方面無時不盼

望國府自己能有充分的力量，來保障和平、展拓和平，早日結束事變，共同致力於保衛東亞的重大使命。所以對於國府的建軍，在人才技術上、在武器補充上，種種援助不遺餘力；凡來歸國府的軍隊，無不以友誼相待；海軍於去年國府還都以後，即將永績軍艦交還；並於去年中日基本關係條約簽訂以後，又將永翔軍艦及其他同等艦艇共九艘，以及劉公島練兵營舍、青島、芝罘、石臼所、連雲港等處派遣隊兵舍交還；於廣東江防艦隊亦有同樣的援助。凡此種種，無非表示睦鄰友好的善意，期望中國的復興，這是我們所深深感奮的。最近更將廈門、鼓浪嶼、金門島等處海軍所管理的官署、學校、醫院、電報局、飛機場、圖書館等建築物，合計二百三十四所，交還廈門特別市政府管理，定於本日舉行，以表示對於國民政府還都週年紀念之祝賀。這更使我們對於中日合作、共保東亞，感到極大的興奮。

最近國民政府有清鄉委員會之組織，因為清鄉工作，政治約佔十分之六七，軍事約佔十分之三四，非合行政院與軍事委員會兩機關之力，不能勝任愉快。我們相信清鄉委員會成立後，對於確立治安，定然有所貢獻。

最近軍事委員會召開全國軍事會議，聚南北各省軍事當局於一堂。對於建軍之目的，遠大是國防、切近是確立治安，必更能認識清楚，而勇猛精進。

綜合以上所述，還都以來，對於改善經濟生活、文化生活及確立治安，都已有了一些成就。於此有須注意的，這一些成就，不是那一部、那一會所能單獨得來的。行政、立法、司法、考試、監察各院雖各有權限，而其脈絡無不息息相關；中央與各省市雖相隔遼遠，而身臂相聯，沒有一件事不互相呼應。而全國擁護和平反共建國的民眾，也沒有一件事不是甘苦相共、憂樂相關。所以這一些成就，實在是政府、人民齊心努力所得來的。當然我們不能以這一些成就為滿足，然由此一些成就可見和平反共建國前途已現出一線光明。由此一線光明，努力不已、進步不已，則全面和平必能實現、反共必能貫徹、

三民主義的中華民國之建設必能完成、東亞的永久和平共存共榮必能達到。我
們惟有以全部的心力，貢獻於國家、民族，以完成此重大的使命！

出處：

- 汪精衛，〈國民政府還都一年〉，《行政院公報》第五十期（1941年），頁14–25。

- 汪精衛，〈國民政府還都一年〉，《上海半月刊》第十五期（1941年），頁3–10。

- 南京國民政府宣傳部編，《汪主席和平建國言論集續集》（南京：國民政府宣傳部，1942
年），頁103–128。

清鄉工作之意義

一九四一年五月十一日

關於設立清鄉委員會的談話

　　確立治安、改善經濟生活為國民政府最近設施之兩大方針，余於今年元旦論文[26]及還都週年廣播詞中[27]曾剴切言之。此二者互為因果，改善經濟生活，則人民安居樂業，治安自然可致；確立治安，則經濟建設始能有所憑藉。清鄉委員會其主要職務固在確立治安，而改善經濟生活亦於此始得着手，其責任之艱巨、使命之隆重於此可見。從來，清鄉必須政治力量與軍事力量相輔而行，始能使共匪絕跡、生民解倒懸之死。國民政府有鑒於此，特設清鄉委員會、合軍事委員會及行政院關係長官，以為構成份子，有獨立之權能兼聯絡之效用。期於集中政治力量與軍事力量，以積極從事，務使農村得以安堵、耕地得以整理，而交通之恢復、實業之振興亦有賴於是。開創之始，不求規模闊大，但求能腳踏實地、步步做去。蓋必要在一地方先能做到確立和平，然後始能展拓和平於其他地方也。由此做去，不但全面和平於此促進，養成自治、實施憲政其基礎亦於此奠定。余願竭其心力，與諸同志及諸同胞繼續不斷，以觀厥成。

---

26 指〈所望於民國三十年者〉，見本冊頁585–588。

32 指〈國民政府還都一年〉，見本冊頁600–619。

清鄉員會委員及重要職員名錄

委員：汪精衛、陳公博、周佛海、陳華、梅思平、楊揆一、鮑文越、任援道、趙正平、李聖五、林柏生、丁默邨、李士羣、趙毓松、羅若強、岑德廣、陳春圃、高冠吾

委員長：汪精衛

副委員長：陳公博、周佛海

祕書長：李士羣

副祕書長：汪曼雲

第一處處長：陳光中

第二處處長：余百魯

第三處處長：唐生明

出處：

- 〈確立治安改善經濟，國府組清鄉委員會〉，《中華日報》（上海），1941年5月12日，版2。
- 南京國民政府宣傳部編，《汪主席和平建國言論集續集》（南京：國民政府宣傳部，1942年），頁129–130。

與近衛首相共同宣言

一九四一年六月二十三日

六月二十三日下午六時三十分與近衛首相共同發表

我等兩人為迅速處理此次事變，由此進而確立中日兩國永遠之關係，向共存共榮、東亞復興之共同目標而邁進，關於東亞新秩序之建設，以曩日所聲明善鄰友好、共同防共、經濟提攜為內容。去歲十一月三十日成立之中日基本條約及中日滿共同宣言，其旨趣亦不外此。

東亞新秩序之意義，係以東亞固有之道義精神為基礎，一掃過去在東亞之侵略主義及共產主義之流毒，建設互相提攜、共存共榮之國家。中國民眾中，固有希望依於中日之合作而致東亞於復興者。然對於此種希望能否實現，尚不能自信。因此依然保持徘徊觀望之態度者，尚不乏其人。故東亞復興之偉大事業，必須就今日之階級、盡可能範圍內，使啓示其曙光、俾大多數國民得所信賴、向全面和平之實現銳意邁進，始得底於成功。

此次我等會談之結果，中日兩國政府相誓，對上述共同目標為更進一步之努力。國民政府務必在政治上、軍事上、經濟上、文化上提供中日提攜協力之具體的事實，使民眾得瞭然於中日合作、東亞復興為中日兩國國民之共同使命。日本政府亦對之為更進一步之援助，俾國民政府能發揮獨立自由之權能，以努力於分擔建設東亞新秩序之責任。

中華民國三十年六月二十三日

汪兆銘
近衛文麿

出處：

- 〈確立中日親善關係，協力一致復興東亞〉，《京報》（南京），1941年6月24日，版1。

- 南京國民政府宣傳部編，《汪主席和平建國言論集續集》（南京：國民政府宣傳部，1942年），頁175–176。

返國抵京談話

一九四一年六月二十六日

余此次訪問日本，備承皇室優禮相待。天皇陛下對於中日親善之期望殷切，尤使余感念不忘。政府諸公，自近衛首相以暨各大臣均開誠布公、共商大局，各種重要問題均得到適當之解決。各界民眾期待之熱烈、同情之深厚，自神戶登陸以至最後離長崎海岸，所表現於聲音顏色者，將長留於余之心目中，至於畢世也。

日本朝野此種態度，實足以表示對於中國屬望之殷切。回憶廿七年十一月三日，近衛首相曾宣言，日本所望不在中國之滅亡，而在中國之興隆，俾能分擔建設東亞新秩序之責任。日本為期待中國能分擔此責任，對於中國完成其為現代國家之必要條件，將不吝加以援助，此種宣言之精神始終一貫。同年十二月二十二日之聲明，以至二十九年十一月三十日中日基本關係條約之締結，均足證明本此一貫之精神，以逐步前進。至於此次共同宣言，則為更前進一步之表示。蓋前此為援助國民政府之成立，此次則為援助國民政府，使之在政治上、軍事上、經濟上、文化上能強有力，以早日解決事變、促成全面和平，俾中日兩國皆得以其心力物力集中於建設共存共榮之東亞新秩序也。

國際變化如此複雜，舍中日兩國結成軸心、共同應付，實無其他保衛東亞之方法。余夙為此目的，不辭盡最大之努力。此次共同宣言發表之後，更覺達到此目的具有把握。余將悉力以期共同宣言之實踐，並將以日本之誠意與熱望，告之同僚、告之國人，俾皆能共喻而共勉。余於回國之始，揭此行之概要以相告，其詳當更俟他日。

出處:

- 〈主席訪日歸來發表重要談話〉,《中華日報》（上海）,1941年6月29日,版2。

- 汪精衛,〈汪主席抵京談話〉,《中央導報》第四十九期（1941年）,頁8。

- 南京國民政府宣傳部編,《汪主席和平建國言論集續集》（南京:國民政府宣傳部,1942年）,頁203–204。

在東亞新聞記者大會訓詞

一九四一年八月四日

　　東亞新聞記者大會的舉行，在文化方面、在宣傳方面都有極重大的意義。去年中日基本關係條約的締結以及中日滿三國共同宣言，其基本精神在於喚起東亞諸民族的自覺，使之向於共同目的而共同前進。詳言之，則在使東亞從百年以來西方經濟主義及二十餘年以來共產主義兩重壓迫之下得到解放，完成以道義為基礎的共存共榮的新秩序之建設。東亞新聞記者大會在此時舉行，是對於中日基本關係條約及中日滿三國共同宣言加以擁護，使此種基本精神藉宣傳的力量，普及於全東亞的民眾。

　　今日的世界已為國家集團行動時代，每一個國民只有狹隘的愛國主義是不夠的，必須聯合道義觀念相同及利害相同的國家為集團行動，精神上融合，物質上長短相補、有無相通。人人自愛其國家、同時人人互愛其國家，人人信賴自己、同時人人互相信賴，這樣纔能把自己的國家從現代的生存競爭現象裏解救出來。談到集團行動，頗有些人懷疑於各個國家強弱不齊、難於聯合，其實這些懷疑是過慮的。每一個國家、民族，只要能夠努力、只要努力的方向能夠一致，自然有益於自己、同時有益於別人。所以國家雖有先進後進之分。而在共同目的之下，先進國不忘提挈、後進國不忘追隨，則由共同努力而得到共同利益，決非倖致。因此我們對於東亞的共存共榮是樂觀的，只要互相愛、互相信，必然能夠一步步的前進，以致於完全實現。

　　第一次的東亞新聞記者大會在廣州開會，這一點使兄弟們非常感激。不但感激，覺得這意義是極重大的。兄弟們都記得〈大亞洲主義〉的演講，是

孫先生於中華民國十三年十一月在神戶工商會議所演講的，這是孫先生生平最後的演講。在此以前，民國六年孫先生在《中國存亡問題》文中，已經指示中日兩國為謀百年之安，必不好於其間稍存芥蒂。在此以前，遠在中國革命同盟會成立的時候，手定黨綱六條，第五條即是主張中日兩國國民的聯合。最近兄弟在東京承日本友人拓贈孫先生手寫的山田良政先生紀念碑，是民國二年二月所寫的。孫先生對四十年前第一位為中國革命而戰死的山田良政先生紀念的話，極簡單、極重要的說，是「人道之犧牲，興亞之先覺」。我們今日看見「興亞之先覺」五個字，能不悚然有動於中嗎？

第一次的東亞新聞記者大會在廣州開會、在孫先生誕生地開會、在中國革命發祥地開會，兩三日內還要親自到孫先生的故鄉去致敬。這種意義，我們不是說感激的話可以表示的。我們應該說這是繼續發揚興亞先覺的精神，這是擴大大亞洲主義的運動，這是替東亞的共存共榮奠下了堅固的基石。我們以此意義，祝東亞新聞記者大會諸君的健康！祝東亞新聞記者大會的成功！祝東亞諸國家、民族的共存共榮，由保障東亞的和平，進一步貢獻於世界的和平！

出處：

- 汪精衛，〈汪主席在東亞新聞記者大會致訓詞〉，《中央導報》第二卷第二期（1941年），頁1。

- 南京國民政府宣傳部編，《汪主席和平建國言論集續集》（南京：國民政府宣傳部，1942年），頁215–216。

怎樣拓展和平

一九四一年八月六日

在廣州廣播詞

各位同胞：

兄弟在這三年中，每年都來廣州一次。第一次在前年八月，差不多這時候曾經得日本軍當局的同意，公開宣布[28]，如果前方將士能有傾向和平的表示，日本軍隊必然與之締結局部的停戰協定，先做到局部的和平，進而擴展到全面的和平。這種宣布，當然是共匪及準共匪所不願聞的，不多幾日，沈次高同志便在香港被這班匪徒所暗算了。沈次高同志的死，固然給我們同志心上，留一條不可回復的傷痕，然而和平運動，不但不因此而有所摧折，反益以激昂進步。

第二次在去年四月，那時候國民政府已經還都南京了。廣東省政府便在這一次來廣州的時候，經過鄭重的商議，開始成立、開始工作。

如今第三次來，相隔一年多了。兄弟自從下了飛機之後，一路看見幾萬的民眾。這是多年沒有看見的同胞，這是多年在顛沛流離中的同胞，這是多年身受著痛苦、心念著國家民族危急存亡的同胞。我看見了許多青年學生，許多農、工、商界代表，真使我不知道是歡喜、是悲痛。無論如何，總是前兩次所未見到的，如今見到了。還有一層，我同時看見許多日本的小學生成羣結隊的手拿著日本國旗，和中國小學生手拿著中國國旗，互相飛引、互相飄颺。這

---

33 見〈怎樣實現和平〉，見本冊頁465–469。

樣的青年、這樣的朝氣、這樣的相親相善，令人對於中日提攜、共興東亞的前途發生了無限的希望。這也是前兩次所未見到的。

自從廣東省政府成立以來，一年的工夫，各種行政都有了進步。我在今年五月廣東省政府舉行週年紀念的時候，發來一個電報，所説的話都是事實。這種進步，由於友邦陸海外各當局的大力援助、由於廣東省政府同人的不斷努力、由於廣東各界民眾的同心戮力；這種進步，證明了中日提攜、共興東亞，不但在理論上是絕對正當的，在實際上也絕對可以按着步驟以期其實現的。全國同胞人人都知道，如果重慶方面不再作和平障礙，則全面和平實現之後，中日兩國更加可以將其心力物力用在共興東亞的上面。然即使全面和平還未能實現，而由於中日雙方的協力，仍然可以使和平領域逐漸堅實、逐漸擴大，使和平障礙逐漸消除、使全面和平終於實現，終於完成復興東亞的使命。我盼望廣東省政府同人及各界民眾，本於這一年來的經驗，更加努力。

現在最要緊的無過於確立治安，如今和平領域內仍然有不少的共匪潛伏着，把持稅收、勒收行為、妨害地方行政、妨害民眾的安居樂業。這種土匪，必然的要於最短期間使之肅清，然後和平領域纔能得到保障。這一塊地方得到了堅實的保障，然後展拓起來及於第二塊地方，這樣的逐漸擴大，及於全省、及於全國。廣東省的治安確立，用這個方法；全國的治安確立，也是用這個方法。

講到物質，現在仍然是艱難的，但比較重慶方面，痛苦的程度已差得多了。現在是全世界戰爭的時代，近百年來科學發明，使用物質的技能，不是百年前所能想像；而物質的消耗，也不是百年前所能想像。戰爭科學化，物質的消耗數量之大，一場戰爭較百年以前的數十場戰爭還多過數十倍。所以戰爭愈延長、物質的消耗愈多，因而物質補充的要求也愈加迫切。所謂長期戰、總力戰，其最大的意義還是怎樣的加增物質的生產以及怎樣的節省物質的消費，使所有的物質能用於最有效的方面，以保衛國家。我們生在這個時候，惟有以

個人的刻苦、節約所得貢獻於國家，這是我們對於國家不能不盡的義務。末了，扼要一句話，中日提攜、共興東亞是我們今日唯一出路，但是這條出路是有多少的障礙橫在前頭，我們還要經過許多艱難。

廣東是國父孫先生的故鄉，是革命的發祥地。數十年來，對於革命是有一種朝氣，一種蓬蓬勃勃的朝氣。仗著這種朝氣，打破了重重障礙、克服了重重困難，方纔誕生中華民國、方纔於風雨飄搖之中一直的撐持以至於今日。現在和平反共建國的大路已經展開在前面了，需要我們鼓起朝氣、一直前進。中國若不能得到自由獨立，必不能分擔東亞的責任；而中國自由獨立之完全獲得，必有待東亞解放之成功。這是不可動搖的真理，鐵一般的事實。我謹以此意，祝我伯叔兄弟、諸姑姊妹的健康，並祝我伯叔兄弟、諸姑姊妹一同鼓起朝氣、勇往直前，完成此時代的使命！

出處：

- 〈汪主席在粵發表廣播演說〉，《中華日報》（上海），1941年8月7日，版1。
- 南京國民政府宣傳部編，《汪主席和平建國言論集續集》（南京：國民政府宣傳部，1942年），頁217–220。

致日本近衛公爵函（四）

一九四一年十月五日

近衛總理大臣閣下：

　　新秋敬維，道履康強，至符遠頌。九月三十日晤影佐少將，得接二十六日手書，並承賜示對米國方面所內示之中日和平基礎條件。循誦再三，至佩藎懷，謹貢愚見，以供參考。

　　中日和平基礎條件，米國對之未必不提出修正；而閣下對米國所提出之修正案，亦必經若干之商榷，始能求得雙方之同意。在此期間，有必須注意者兩點：

　　其一、中國人民向來麻醉於米國之宣傳。自經事變以來，尤抱親米仇日之態度，此為閣下所深知者。如此次米國之修正案以高調而公開提出，或經閣下之商榷而有同意之最後決定，則米國必因此更博得中國人民之傾向，而證實其向來態度之正確。此於閣下建設東亞新秩序之理想，必蒙不利。

　　其二、如米國以其修正案通知重慶方面，則重慶方面必據以為功，以期博得中國人民之信用。中國人民亦必為所惑，慶重慶方面之成功，而懟去年所締結之條約為不當。此於兆銘所提倡之和平反共建國運動，亦必深蒙不利。

　　以上兩點，非區區個人之得失，而為貴我兩國前途、利害、禍福所關。愚意對此危機，必當加以防止。故深盼閣下，宜對米國方面申明約束——在內部交換意見期間，禁止任何公開宣布內容。一旦閣下決定對於米國之修正案有若干采納，則宜先以此采納部份，先與敝政府接洽，對於去歲所締結之條

約加以修正。此修正條約之公開宣布宜在米國修正案之前，能前一星期或三日最宜，最大限度之讓步亦為同時。必如此，然後中日間之親善關係始能鞏固、無動搖之虞。此兆銘所竭誠為閣下告者。

本來，去歲所締之條約，除基於閣下聲明睦鄰友好、共同防共、經濟提攜三大原則為中日親善之基礎、不可動搖者外，其他部分殆因全面和平尚未達到，不能不有周密之顧慮。故如全面和平一旦達到，則將此部分予以修正，期使兩國關係更臻良好，此實為敝國方面所衷心祈望，而亦貴國所引為愉快者。同時，米國之斡旋及重慶方面之參加和平，亦可於此得到滿足。此實有合於忠恕之道，度閣下所樂於采擇者也。

關於右述見解，曾披瀝於本多大使。適藉日高公使吉便，托帶此函，敬祈高覽。閣下以一身系東亞安危，藉此機緣，深致敬意。並深祝

貴體之健康、偉業之成功

汪兆銘謹啟（雙照樓印）
十月五日

出處：

- 汪精衛，〈一九四一年十月五日函〉，《檔案與歷史》第二期（1998年），頁47。

東亞戰爭之意義與我們的任務

一九四一年十二月十八日

十二月十八日對全國廣播詞

各位同胞：

　　四年有餘的中日事變，自從本月八日日本對英美開戰以來，已經一變而為東亞戰爭。保衛東亞的戰爭，乃日本自從「近衛聲明」以來所提倡的建設東亞新秩序。中國自從和平運動發起以來，所遵守而申明的大亞洲主義，已經由理論時代而進入於實行時代。此次戰爭，若不幸而為英美所敗，則整個東亞民族，將隨印度民族及非洲的黑色人種、美洲的紅色人種、澳洲的棕色人種，同受奴隸的待遇；整個東亞，將永久為英美的次殖民地，沒有翻身的希望！反之，如果戰勝了英美，則百年以來的侵略勢力一掃而空，東亞得到解放、中國得到自由平等。

　　可恨的重慶方面，他還要祈禱英美戰勝、他還要提倡幫助英美攻擊日本；他是甘心引導中國同胞接受奴隸的待遇、引導中國永久滯在次殖民地的地位。我知道重慶方面，存著這樣壞心腸的，不過是極少數。我們要努力掃除這些極少數的陰霾，俾大多數和我們一樣見解的人，發得出真實的呼聲，並且表現得出正大的行動。

　　重慶方面還有一種歪曲的宣傳，他說「即使日本戰勝，也不過如三十六年前的日俄戰爭一樣。」這種歪曲的宣傳，看了去年十一月三十日中日基本關係條約、中日滿共同宣言，看了本月八日日本天皇陛下對英美宣戰的詔書，便可以了然於這種歪曲宣傳之毫無根據。還有東條內閣總理大臣的談話、畑總

司令官的談話，都是極明白的。昨日後宮總參謀長的談話，更對於這種歪曲的宣傳加以針鋒相對的駁斥。友邦方面的心事，可以說是開誠的了。

　　我於此還有幾句緊要的話，告訴各位同胞。三十六年前的日俄戰爭，是怎樣發生的呢？俄國乘庚子之亂，出兵佔領東三省；日本知道這是會危及本國的，所以出兵與之打仗。在日俄兩國拚個你死我活的時候，中國怎樣呢？守中立，這可算是一種奇聞。人家在自己領土內打仗，而自己守中立。這守中立等於什麼？等於體育運動會的賽品一樣，人家或打球，或競走，我將銀杯或將銀盾作為賽品，誰勝利的誰拿了去。中國那時候便是這樣的，將東三省作為賽品，誰勝利的誰拿了去，所以不待九一八而知東三省不屬於中國。

　　如今國民政府對日本與英美開戰是怎樣？是決定與日本同甘共苦。各位同胞，我們現在共苦，將來纔能同甘；我們現在共憂患，將來纔能共安樂。東亞的共存共榮，不是不費力而可以得到的，也不是白費力的。想到這裏，我們只有努力、只有十二分的努力！

　　我們所要做的事太多了，現在先說我們所能做的：

　　第一、我們要趕快確立治安。以東亞現在形勢而論，日本是站在前線、中國是站在後方，前線的活躍進取有繫於後方之安全。我們應該盡十二分的努力，來使治安確立。

　　第二、我們要加強軍事力量。所謂力量，包括精神的力量和物質的力量。所謂精神的力量，便是實行今年三月所頒布的陸海空軍軍人信條，實行三民主義及大亞洲主義，以復興中國、復興東亞。精神能創造物質，精神的力量加強，物質的力量可能的隨以加強。

　　第三、增加生產，節約消費。戰爭需要物資，物資需要人民來負擔。我們要增加人民的負擔力，就不可不增加人民的生產力；而節約消費，必須與

增加生產同時並行。節約消費不只是消極的意義，而是積極的意義，因為節約之所得可以用於更有效的方面。

說到這裏，我有附帶的幾句話：一般時人都以為英美資源豐富，能持久戰，尤其是美國。殊不知美國的樹膠百分之九十八、錫百分之八十都來自南洋；銻礦百分之九十九點八來自中國。一經戰爭，來源立斷。反之，日本如取得南洋，除了橡膠、錫之外，石油的供給也可無憂，其他米、棉、煤、鐵等也都有相當補助。中國銻礦出產在世界佔百分之九十五、鎢礦佔百分之八十，由此可見中日協力，乃至將南洋劃在東亞共榮圈內，是驅除英美勢力、復興東亞之基本。如果再加以增加生產、節約消費，則其效力自然更大。

以上三點，是我們現在所要做的，而又是我們現在所能做的。我們必須以十二分的努力，使之做到。這樣同甘共苦，方纔不是空言，而是能表現之於事實。這樣將來的東亞共存共榮，我們方纔不是白享，也不是白費力。

同時，我們必須更以十二分的努力，不斷的喚起重慶方面的同胞，使之擺脫個人獨裁的鎖鍊、擺脫百年以來英美所加於頸上的鎖鍊。總而言之，中國得到自由平等，在此一舉；東亞得到解放，在此一舉。

出處：

- 汪精衛，〈東亞戰爭之意義與我們的任務〉，《經綸月刊》第一卷第六期（1941年），頁198–199。
- 南京國民政府宣傳部編，《汪主席和平建國言論集續集》（南京：國民政府宣傳部，1942年），頁317–320。

新國民運動綱要

一九四二年一月一日

戰爭是國民的總檢閱，詳細些說，是一國人民精神力的總檢閱。在四年有餘的痛苦環境裏，我們同胞的優點以及缺點都盡情暴露出來，不留一些遮蓋。優點應該發揮光大，缺點應當補救。現在四年有餘的中日事變，已一轉而為保衛東亞的大戰爭。在這新關頭，沒有新精神，怎樣能擔負這新責任？完成這新使命？

所謂新精神，不完全指創造。只要能去其舊染之污，也是自新之一着。換句話說，要有勇氣來承認缺點、矯正缺點。尤其是劣點，更要有勇氣來掃蕩廓清。新國民運動就是着重於此的。

新國民運動不另標主義，因為我們原有三民主義以為建設中華民國之根本。我們現在所要問的是，三民主義為什麼不能實現？這不是由於我們推行力不夠，就是由於我們研究力不夠。總而言之，是我們精神力不夠。新國民運動務須對於此等缺點，有對症下藥的決心與辦法。茲舉其綱要如左：

第一、我們為什麼不能實現民族主義呢？因為我們忘記了大亞洲主義——「中國若不能得到自由平等，則不能分擔建設東亞的責任，而中國自由平等之完全得到，必有待於東亞之解放。」這幾句話，直到和平運動開始方纔覺醒過來，其實大亞洲主義裏早已諄諄啓示了。為什麼我們忘記了，至於把中國蹧蹋到這般田地？從今以後，把愛中國、愛東亞的心打成一片，東亞諸國互相親愛、團結起來保衛東亞。這是民族主義的着重點。

第二、我們為什麼不能實行民權主義呢？因為我們忽略了民主集權的制度，所以表面上崇拜民治，實際上造成個人獨裁。從今以後，我們的團體要組織化、行動要紀律化。一件大事，未決以前，充分的研究；既決以後，一致的實行。時時想着知難行易、勇猛的實行，即是忠實的求知之要着。這是民權主義的着重點。

第三、我們為什麼不能實行民生主義呢？因為我們忽略了發達國家資本。我們如能着重於此點，則國家資本發達、私人資本自然歸於節制，共匪則無所藉口以鼓吹階級鬥爭，英美之經濟侵略亦無所施其技，何致演成共匪與英美侵略互相呼應、左右夾攻的現象。從今以後，我們要以銖積寸累的精神，來發達國家資本。這是民生主義的着重點。

第四、我們如要從以上三個重點着手，則不可不增加我們的精神力，以推行一切、研究一切。因此我們首先要倡導公而忘私的精神。個人對於國家，貢獻要多、享受要少；平日嗇一己以裕國家，臨難則犧牲一己以救國家。

第五、人與人的相處是國家民族力量團結的樞紐，我們對於人與人相處，要牢記以下數項。說話要老實、心事要光明；善善要能用、惡惡要能去；並要有聞人善則喜、聞人過則悲的精神，使人樂於為善、恥於為惡。至於同事間之相處，尤其要同甘苦、均勞逸，寧讓美、勿掠美，寧任過、勿諉過。不這樣，不配說精誠團結。

第六、浮囂淺薄，是斷送國家、民族的根由。我們知道，我們缺點固多，而行動不能紀律化、知識不能科學化是缺點之最大者。從今以後，紀律要由個人，以及於全體；科學不但要普及，尤其要深造。

第七、中國大多數人都是赤貧，說不上節約，所以增加生產最為當務之急。然即就節約來說，用之得當，於民生、國計兩有裨益，如多種雜糧替代稻米便是一個極顯的例。至於極少數人厲行節約，不只是經濟上的原因，而且是道德上的原因。就經濟來說，消極的把無益的消耗節約起來，積極的可用之

於更有效的方面；就道德來説，目擊大多數人如此貧困，不節約在良心上説不過去。

　　第八、從政治社會做起，在最短期間必須做到弊絕風清。每一個公務員、每一個軍人固應該得到生活上的保障，但絕不能藉口於生活上不滿足而有貪污瀆職的行為。我們要本着一家哭何如一路哭的精神，對於每一個貪污瀆職的人，要像對於蝗蟲一樣毫不留情的予以滅絕。

　　以上所舉，包括精神方面的總動員及物質方面的經濟建設。雖然卑無高論，然而我們要救中國、要保東亞，捨此無可由之道。所以發起新國民運動，以之自勉，亦以之共勉。至於各項條目，根據綱要，隨時議訂、隨時頒布施行。

出處：

- 汪精衛，〈新國民運動綱要〉，《中央月報》第二卷第二期（1942年），頁7–8。
- 南京國民政府宣傳部編，《汪主席和平建國言論集續集》（南京：國民政府宣傳部，1942年），頁337–340。

政工會議開幕訓詞

一九四一年一月十八日

今天是政治訓練班第三期學員畢業，又是政工會議開幕的一天。我謹以至誠，貢獻一點簡單的意見。國父在民族主義開頭就講的，主義是一種信仰、一種力量，由信仰發生的力量才是真的力量。這在一切事都如此，尤其是軍事。在這時候，我們大家都自然會感覺到自家力量不夠。怎樣纔能發生力量，並且增加力量呢？

有之，信仰就有力量。國民政府還都以來快兩年之時間，不能算短，但是建軍還沒有顯著成績。換句話說，就是軍事的力量不夠。所以在這時候，最重要的是在軍隊中建立信仰。有了信仰，力量自然陸續發生起來。現代的戰爭不光是武力戰，一切的文化、政治、經濟無論精神方面、物質方面都包括在內，把各種力量提到最高，用在軍事裏頭。政工同志明白這層道理，就只有堅定信仰，來發生力量。

講到信仰，只有一個，就是三民主義。可是三民主義之實現，不是一時一刻就可完全達到的。要達到這目的地，必須經過許多路程。所以政工同志還要明白，在這路程裏，必須劃分成許多階段，每一個階段都有他的時代環境。要認清時代環境，纔能適應時代環境，繼續不斷以達到目的地。所以這裏所說的適應時代，和一般人所說趨時全然不同。趨時是沒有主義、沒有方針，一味投時所好，這是要不得的；適應時代都是有一定的主義、一定的方針，在達到目的地的路程上，認清環境、踏定腳步，一步一步的走去。

所以第一句話是堅定信仰，第二句話是由信仰提起力量。一步不亂的，並且一步不歇的向前走去，直走到達到目的地為止。

培養信仰方能擴大力量，怎樣纔能培養信仰呢？需要不斷的研究、不斷的實行。「和平反共建國」的理論是從三民主義裏頭出來的。舉個例來說，我們何以要和平？因為民族主義是以大亞洲主義為着重點；何以要反共？因為發達國家資本，則私人資本自然歸於節制，用不着以階級鬥爭來激成大亂。以上是不斷研究的結果，纔能產生出理論。

但是單理論還不行，我們還要不斷的實行。講到實行，我們必要廓清兩大勢力：（一）廓清共產主義的勢力，（二）廓清英美侵略主義的勢力。

各位在部隊裏，士兵一定有很多的疑問。例如說，共產主義固然可怕，可是現在不是只反共就能救國；英美侵略主義的勢力固然可恨，可是現在不是只驅除英美就能救國。像這種疑問，各位怎樣解答呢？

我們要能解答士兵的疑問，纔能堅定士兵的信仰。我們應當告訴他，要救國就要充實國家的力量，而共產黨卻儘量消耗國家的力量，所以非反共不能救國。自從德蘇戰爭以來，蘇聯一敗塗地。蘇聯的人口、糧食、煤、鐵、汽油有百分之七五在歐俄，百分之二五在亞俄。如今歐俄經這樣的破壞與消耗，失敗已經決定的了。由於蘇聯的失敗，中國共產黨的勢力也低落下去，這正是我們消滅共產主義、實行民生主義的時候。

我們還要告訴他，要救國必先認識清楚國家的環境。現在世界上的國家已沒有一個孤立的，非有國家集團的行動不可。中國處在東亞，要救中國，必須與同在東亞的國家為集團行動，所以救中國與救東亞是一事件。自從去年十二月八日日本和英美開戰以來，日本的槍口已經清清楚楚的對準英美了。這是東亞興亡之戰，東亞若亡，中國不能獨存。所以中國只有與日本同甘共苦來救東亞，救東亞即所以救中國。

　　以上的話，是簡單的、同時是扼要的。政工同志必須牢牢記住，使所有士兵消除了疑問、堅定了信仰，那麼自然繼續不斷把力量發生出來、擴大起來。

　　還有一種疑問，這一次大東亞戰爭，中國雖然願意加入國家集團行動，可是中國有沒有力量呢？換句話說，友邦日本需要不需要中國有這力量呢？甚至願意不願意有這力量呢？這是每一個憂國的人所必有的疑問。

　　記得去年十二月十日戰略演習開始的時候，我曾說過，英美在殖民地的軍隊一定打不過日本的軍隊[29]，現在證明我當時的話不是武斷。我是根據什麼來下這斷語呢？因為殖民地的人民決不會擁護殖民地的政府的，例如這次香港作戰，英國把印度人和我們可憐的同胞放在第一線，加拿大人放在第二線，直至第三線才是英兵。所以無論香港的軍事設備怎樣的好，戰爭起來全不得用，這是證明只有愛國的份子纔能為國家出死力。現代的戰爭，無論單獨作戰或者集團作戰，非愛國的份子不能擔任。

　　現在日本在戰爭初期，已將英美在東亞近海、近空的海、空軍粉碎了，再進一步粉碎英美在殖民地的陸軍。香港、菲律賓、馬來半島便是先例，新加坡、緬甸也不能例外。然而日本為什麼天天說長期戰呢？因為自此之後，是東亞與英美的對抗。與英美本土的對抗，因為隔著大洋，彼此陸軍不容易決戰。以美洲來說，由舊金山到檀香山有二千一百海里，由檀香山到東京灣有三千四百海里，共是五千五百海里。這種勝負不是短時間所能決定的，所以不能不天天的申說是長期戰，說是要在長期戰中得到勝利、得到最後的勝利。

　　既然如此，則動員東亞的人力物力以爭取長期戰的最後勝利，是必要的。所以中國在此次大東亞戰爭中與日本同甘共苦，動員一切人力物力以盡後方的責任，實在是日本的需要、實在是日本的願意。日本知道中國不是可以征

---

29 見〈十二月十日對於戰略演習開始之訓辭〉第八點，《清鄉日報》（江蘇），1941年12月23日，版2。

服的，即使一時屈於武力，然若不出於本願，則中國的人力物力也終不能充分的為大東亞戰爭而用的。惟有使中國加入東亞的國家集團，救中國即所以救東亞、救東亞即所以救中國，方能使中國甘心的、自動的將一切人力物力為大東亞戰爭而用。這是為中國打算，也即為東亞打算。

　　所以每一個中國人，不必顧慮到日本不需要、甚至不願意中國有力量，只須時時刻刻不要忘記自己怎樣發生力量、擴大力量。尤其不要忘記這些發生、擴大的力量要為救東亞者用，東亞若亡，中國不能獨存；救東亞，即所以救中國。

　　如果每一個中國人都能如此着想、如此實行，我敢信日本必然加以幫助，使中國的力量日益發生、日益擴大，這是極明白的、顯著的道理。每一個中國人不必而且不應再有疑問，以上的疑問消除了，則信仰同時堅定了。我們堅定了信仰，以後只有積極，更沒有消極；只有樂觀，更沒有悲觀。我知道我們前途是有困難的，但是只要我們方針不錯，認清了最後的目的地、認清了眼前的環境，腳踏實地、用心用力的一步步做去，自然有達到目的地之一日。

　　我們所需要的是信仰，信仰不是盲目所能得到的，所以需要研究；信仰不是空言所能得到的，所以需要實行。不斷研究、不斷實行，則力量自然發生擴大起來，終於能完成時代的使命、貫徹「和平、反共、建國」的理想、到達三民主義的最高目的。

　　政工同志，以此自勉，並以此互勉。我謹以至誠，祝各位政工同志的健康，祈各位政工同志的成功！

出處：

- 汪精衛，〈對政工會議之訓詞〉，《上海半月刊》第三十五期（1942年），頁2–3。

- 南京國民政府宣傳部編，《汪主席和平建國言論集續集》（南京：國民政府宣傳部，1942年），頁343–348。

致日本政府備忘錄（汪主席呈出覺書）

一九四二年九月

特派大使閣下承天皇陛下之大命，遠來答訪，藉讅天皇陛下聖躬康泰，至為忻慰。

敬聆天皇陛下璽書，對東亞共榮、中日親善，意旨殷渥，彌深銘感。迴憶去歲六月間訪問東京，承天皇陛下之隆禮優遇，篆泐不忘。政府諸公及各界民眾之相待之厚、相期之切，使兆銘既感且懼，不知所報。

自大東亞戰爭開始以來，貴國國威遠振。百年以來，英美在太平洋、南洋海上及諸島嶼種種惡勢力之根據，一掃而空。侵脅東亞之危機一旦解除，建設東亞新秩序之基礎於以確立。貴國陸海軍將士之忠勇奮發、全體國民一心一德，所衷心致其敬佩者。

而在大東亞戰爭進行中，對於敝國不忘援助。去歲六月間成立之建設大借款，不因戰局緊張而中輟，俾國民政府軍事上、經濟上之建設，得依計劃以進行。且在陸海軍將士為大東亞戰爭獻身戮力之際，猶復分其餘力援助清鄉工作，俾江蘇省第一、二、三期清鄉工作，以次完成。且擴展及於太湖東南地區及上海，使揚子江下游夙稱富庶之區，得以確立治安。國民政府於此，惟有竭其心力，以實踐「和平反共建國」之使命，進而分擔東亞共榮之工作，以期有以副貴國朝野一致之期望。

三年以前，平沼閣下在總理大臣任內，兆銘曾得會晤。當時閣下曾言，上次歐戰結果產生國際聯盟，其中充滿功利思想，以致方向舛誤、糾紛迭

起，馴致今日傾軋之象。中日兩國，當本於東方道義精神以重新結合。閣下發此宏議時，現在歐戰尚未發生。而高瞻遠矚，洞見癥結，洵堪敬服；同時，有田閣下在外務大臣任內，亦得會晤，藉罄衷曲。當時兆銘甫由河內至東京，聞平沼閣下及諸大臣閣下開誠相告之言，始決意盡力於和平運動；永井閣下，相見更夙，遙在十二年前。其時兆銘與閻錫山等共謀推倒蔣中正之獨裁統治政治，軍事失敗，旅居天津。永井閣下翩然相顧，縱論東亞大局，深懷未雨綢繆之計。及今思之，感慨無量。

隨節諸公皆朝端碩彥，夙所傾慕。今得相聚，至為愉快。關於東亞大計及當前時局解決之方策，願本其愚誠，坦直陳說，以候明教。

一、關於參戰之見解

自去歲十二月八日大東亞戰爭開始以來，國民政府即決然為同甘共苦之聲明，此聲明所以表示國民政府之決心及中國此後應循之途徑。自此之後，即進一步，討論及於參戰問題。

從一方面看，敝國凋敝之餘，元氣未復。兵力、財力所能貢獻於大東亞戰爭者，恐必無多。且全面和平尚未實現，悉力參戰，尚非其時，或反為重慶方面所藉口；然另從一方面看，重慶方面已甘心為英美所利用，對軸心國宣戰，並與聯合國訂立不單獨講和之約定。我方以保衛東亞為標識，光明正大。反無參戰之表示，實不足以振士氣而結人心。目前兵力雖甚不敷，然表明立場，其效用殊不為尠。

至於財力，重慶方面向來宣傳和平區內物質外流，其勢不久即將枯竭，用以搖惑人心。今堂堂正正，以物資供協力大東亞戰爭之用，非特重慶方面無所肆其簧惑，而和平區內之民眾亦將自感其責任之重大、使命之神聖，而益努力於增加生產。

　　由此言之，敝國參戰實為正義所當然、人心所同具，決非斤斤於藉參戰之名，以攫取英美在中國所遺失之權利，亦非覬覦將來在世界和平會議中佔取地位也。

二、關於促進全面和平之見解

　　兆銘等自重慶出來，其最大目的原在探取中日和平之途徑，引導舊時伴侶回心轉意、相與戮力，以收拾殘局、重奠新基。乃數年以來，中懷耿耿，未能達到，不勝遺憾。大東亞戰爭開始以後，消息所得，尤為悲觀。請分析言之如左：

　　（一）蔣及其直系迷信英美，愈溺愈深。自大東亞戰爭開始以來，與英美立於同一陣綫，正其多年之願望。雖英美迭遭敗折，猶迷信最後勝利屬於英美。平日持論，以為中國苦戰數年，終必因英美獲勝、得到解放。即使英美失敗，猶可於將來世界和平會議中與英美處於同一地位，其時英未必全敗、美則猶可自保；中國雖蒙不利，猶較之此時與日本單獨講和為優。執此見解，牢不可破，故全面和平之說，無自而入。

　　況其直系如孔祥熙、宋子文輩，舉其家屬及其私人財產，悉存貯美國，更與美國結成不可分離之關係，故一開全面和平之說即極力阻撓。其最近開闢西北路線並非倚賴蘇聯，無非藉蘇聯以通美國，較之跨越印度、西藏遙為便利耳。蔣與共產黨徒傾軋日甚，曾一度欲與分離，卒因英美斡旋而中止。英美利用蔣共聯合抗日，故不樂蔣共之分離；蔣不欲失英美之歡，故與共神離貌合。由此以言，在英美打倒以前，全面和平，殆無可望。

　　（二）蔣直系以外之軍隊及其人民，從前中國內戰時代，各處軍隊離合變化朝夕無定。今則為民族思想所主宰，雖心慕全面和平，然以為零星來歸，必不為日本所重視。故恆欲得較有利之和平條件，整個來歸，此為每一方面將帥所同具之心理。

而和平區之政治、經濟現象未能如一般所期望，日本雖有強化國民政府之聲明、雖有種種援助，然和平區內之政權未能自由，和平區內之物資統制予民眾以莫大之痛苦。中日經濟提攜尤未有具體的表現，則為不可掩之事實。因是之故，感覺抗戰無望、和平亦無望。徘徊瞻顧，雖對於抗戰痛心疾首，終未能促成其轉向和平之決心，此則軍隊及人民所同具之心理也。

如上述，兆銘等促進全面和平之決意雖不因之灰餒，然重重障礙、進行困難，當為友邦人士所諒解。

三、關於強化國民政府之見解

國民政府最大之任務，一為促進全面和平，一為協力完遂大東亞戰爭。欲使國民政府能擔負此兩大任務，強化國民政府乃為必要。蓋國民政府不強化，則無以樹立和平之模範，使和平區內之民眾堅其信任，和平區外之民眾生其信仰、漸漸來歸。全面和平，何由而致；國民政府不強化，則精神力、物質力皆將日即於衰耗，更有何力量以貢獻於大東亞戰爭乎。強化國民政府最要之方法，不外二者：

其一、關於政治。國民政府以下各級省、市、縣政府，遇有關日本及有關治安之事，應與日本大使館總司令部及各現地當局，開誠協商。而協商之後，日本方面應予以協助，不加阻撓。庶使國民政府對於民眾，得有威信；對於所屬官吏，有進賢、退不肖之自由。蓋政府無威信，則為有名無實之政府，根本無存在之價值。

其二、關於經濟。中國人民現在所迫切需要者，莫過於增加生產。所恃以興復本國者在此，所恃以協力大東亞戰爭者亦在此。欲增加生產，須使農、工、商業能得發達。故目前不必要之束縛、不必要之限制，盼望日本方面亟為解除。蓋此等加於中國人民之束縛與限制，在日本方面並未得到益處，而

在中國方面則為絕其生路，使其農、工、商業永無復蘇之望。此實為中國人民一致之呼籲，尚其垂聽。茲僅撮大要，其詳細項目，當另述之。

　　　　以上所述為由衷之言，顧念東亞大局、兩國前途，不能不披瀝以告。如承閣下鑒察而采納之，幸甚幸甚。

出處：

- 何孟恆註：〈致日本政府備忘錄〉[30]係一九四二年九月二十二日至二十七日之間，日本特使平沼騏一郎及有田八郎、永井柳太郎三人到南京呈遞國書時致送。戰後由美國國務院日本組發現，贈予士丹福大學胡佛戰爭、和平及革命學院收藏。林漢生教授曾予以英譯，並加評述，認為「……足與在香港面世的汪氏的最後政治遺囑相印證……指出汪氏及其追隨者如何為淪陷區的中國人謀福利……確為汪政權行事有關的最重要文件之一。」

---

30 又稱〈汪主席呈出覺書〉，〈致日本政府備忘錄〉乃何孟恆翻譯林漢生英譯之標題而來。

踏入保衛東亞戰線

一九四三年一月九日

首都民眾，於同日下午三時，在國民大會堂，舉行國民精神都總動員民眾大會，到全市各機關各團體各學校，暨各業公會等民眾代表萬餘人，國府汪主席並親臨致詞，各機關長官到有溫宗堯、王揖唐、陳璧君、顧忠琛、褚民誼、陳羣、林柏生、羅君強、鮑文樾、任援道、葉蓬、徐蘇中、周學昌等軍政長官，及日、德、意、滿等各友邦軍事長官，駐華使節等數百人。

國民精神總動員首都民眾大會席上，汪主席昨特親臨致訓。茲誌訓詞要旨如後：

各位同胞：

　　國民政府今日已宣布參加大東亞戰爭，與友邦日本協力打倒共同的敵人——英美侵略主義者。百年以來，中國經歷許多次戰爭。內戰的不幸自不必說，即外戰亦大抵無甚意義。只有這一次戰爭，才真是為獨立自主而戰爭的戰爭。

　　就中國來說，百年以來受英美的包圍侵略，直陷於次殖民地的地位，只有這一次的戰爭，纔能把中國復興起來。就東亞來說，百年以來，東亞民族因英美處心積慮，要使之為非、澳及西亞之續，除包圍侵略之外，挑撥離間、麻醉引誘種種手段，層出不窮。若非友邦日本獨力支持，東亞早已非復東亞人之東亞。只有這一次與友邦日本協力的戰爭，纔能將東亞保衛得住。

　　國民政府還都以來，將從「復興中華，保衛東亞」的口號，普遍宣傳了將近三年。直至今日，纔能集合全國的心力物力，來實現國父在三民主義裏所沈痛的指示、在大亞洲主義裏所懇切的期望，真是十二分的興奮。

　　友邦日本自大東亞戰爭開始以來，連戰連捷。如今正在邁進，以確保勝利、完遂戰爭。友邦日本屢次聲明，大東亞戰爭之目的在求大東亞共榮之實現。為實踐此聲明，對於中國不惜予以種種援助。今更於中國實行參戰之日，根據中日基本關係條約，於前交還租界及撤廢治外法權。我們知道百年以來，中國受了不平等條約之束縛，才淪落到次殖民地的地位。不平等條約，以南京條約、北京條約為根幹。而設置租界及規定治外法權，便是不平等條約的最大內容。數十年來，中國曾以全力謀解脫，苦於英美之束縛，始終沒有做到。國父臨終遺囑，以廢除不平等條約望諸後死同志之繼續奮鬥。直到了今日，纔能將這不平等條約實行廢除，以慰國父在天之靈、以償四萬五千萬同胞多年的渴望。從今以後，中國能以獨立自主的立場，與東亞諸鄰邦及世界諸友邦，同心協力，期於東亞的共榮、世界的正義和平有所貢獻。我們回想過去、瞻望將來，更加十二分的興奮。

　　中國的自動參戰，自從大東亞戰爭開始以來即已認定，這是中國為東亞一部分的應有之義務與權利。可是東亞的叛逆（渝方份子）以及東亞的蟊賊（英美侵略主義者）惟恐此者之實現，做出種種謠言，欲加以破壞。到了今日，事實證明，中國的參戰純然是自動的，為申明東亞同志的立場下此決心，參加保衛東亞的戰線。

　　同時友邦日本的心事，也十分顯明，友邦日本從大東亞戰爭開始之際，以其獨立，在最前線衝鋒陷陣。對於中國，除了盼望明瞭大東亞戰爭的意義、以同心同德鄞致共存共榮之外，沒有一點盼望中國參戰的表示。及其知道中國同仇敵愾的決心之後，絕沒有一點猶豫，慨然與中國攜手，並立於一條保衛東亞的戰線。並且完成中國多年廢除不平等條約的志願，使中國的同胞知道

興復中華、保衛東亞實在是一件事。這樣的精神結合，不但將英美及渝方的種種造謠加以粉碎，並且為東亞同志的前途顯示出無限的光明。

　　各位同胞，我們從今日起踏入了保衛東亞的戰線了。我們每一個人，要努力做成一個保衛東亞的鬥士。我們所要掙扎的，是百年以來英美加於中國的桎梏；我們所要達到的，是東亞民族的共存共榮。國父在天之靈指引著我們，我們要以「矢勤矢勇、必信必忠」的精神，猛向前進。現在友邦日本的將士及其國民，在最前線是如何的英勇、如何的壯烈。我們要怎樣才夠得上做他們的伙伴？要怎樣才不辱沒了他們？才不辱沒了自己？想到這裏，我們不可不加倍的努力，以同甘共苦、同生共死的精神，攜手猛向前進。

出處：

- 〈踏入保衛東亞戰線掙脫百年來得桎梏，主席在首都民眾大會致訓〉，《中華日報》（上海），1943年1月10日，頁1。
- 汪精衛，〈踏入保衛東亞的戰線：汪主席在首都民眾大會訓詞〉，《上海半月刊》第五十六期（1943年），頁3。

汪委員長發表告將士書

一九四三年一月十九日

　　本年一月九日上午十時，國民政府為根據中日基本關係條約一貫之精神，經已正式宣布參加大東亞戰爭。與友邦日本簽訂中日共同宣言，表明為完遂對英美共同戰爭，打倒共同敵人。兩國政府當以不動之決意與信念，在軍事上、政治上、經濟上作完全之協力，同時並簽訂關於交還租界暨撤廢治外法權等之協定。

　　國父積四十年之努力從事革命，所渴望「廢除不平等條約」，載諸臨終遺囑之一語。至於今日，幸見實現。從今以後，中國將以獨立、自主、完全自由之立場，與東亞諸鄰邦及世界諸友邦同心協力，步入保衛大東亞戰爭之聯合戰線。其意義之重大，為我國歷史所僅見。而我軍人立於大東亞戰爭之最前線，其所負任務之艱鉅，千百倍於往昔。茲舉數端，為我袍澤告：

　　近百年來，英美帝國主義者，本其猙獰面目，運用惡辣手腕，向我東亞民族施行政治、經濟、文化、軍事等多方面之侵略。巧取豪奪，已有悠久之歷史。而我國自鴉片戰爭以來，受其侵害、被迫訂立種種不平等條約，致淪於次殖民地之地位、吞聲飲泣、血史斑斑。每一回顧，尤深髮指。

　　友邦日本於前年十二月八日，因痛感於東亞整個民族要求解放之迫切，乃毅然發動大東亞戰爭，傾其全國之力，從事掃清英美盤據東亞之殘暴勢力。企圖大東亞新秩序之建設，而與德、意軸心努力歐洲新秩序之建設相呼應，以圖貢獻於世界整個之和平。吾人應知大東亞戰爭之意義，實為代表東方

道義精神，基於東亞民族共存共榮之信念，起而撲滅「西方功利思想所產生之霸道帝國主義」橫流於世界之餘毒。

世界上公理之與強權、被壓迫者之對壓迫者，其能獲得人道正義之勝利，胥有待於此次戰爭之努力而取決。國父在日曾昭示吾人，欲圖復興中國、保衛東亞，惟有實行三民主義及大亞洲主義。國父自始即深知中國欲求自由平等之獲得，必有待於東亞民族整個之解放。今茲國民政府毅然宣布參加大東亞戰爭，即為實現國父大亞洲主義熱烈之期望。此實為歷史所賦予吾人之偉大使命也。

渝方政權僻處西陲，既嫉視國民政府統治區域之和平發展，復惑於英美帝國威脅、利誘之迷夢，不惜參加所謂英美陣線，實行以東亞人殺害東亞人之殘暴。近更變本加厲，一面出兵緬、印，一面妄藉敵機轟炸我廣州、武漢等區域，不斷侵擾，冀圖阻撓我和平建設之進行。跡其用心，實甘為東亞建設之破壞者，以及東亞和平之叛逆。然攷渝方所以能苟延殘喘、肆其兇頑以迄於今者，則以背後有英美潛勢力之存在耳。故今日吾人欲圖和平早日實現、統一早日完成，亦惟實行參加大東亞戰爭，澈底擊破英美為禍東亞之勢力，而速渝方政權之自我潰滅。此又吾人為完成和平統一大業所必經之階段也。

溯自友邦發動大東亞戰爭以來，所向克捷。時僅一年，已在各地獲致空前偉大之戰果。所有英美在南太平洋及緬甸之侵略勢力，幾為剷除淨盡。尤以迭次所羅門海戰，使英美慘遭重創，更無反攻能力。而一面，德意軸心在歐洲擊破英美聯軍，致英美所發動北非攻勢陷於不振。頹勢已成，反攻無術。茲者我國奮起參戰，聯合陣綫益形強化。古云「師直為壯」，回溯我中華民族參加對外之戰爭，以此次為最具有意義之戰爭。誠如先哲所謂「仁義之師」，其勝必矣，摧毀英美勢力直指顧間事耳。

我全國將士乎，值此國家民族嚴重關頭，正我軍人努力奮起、捨生報國之時。此後更當如何矢勤矢勇、竭智盡忠，本同仇敵愾之心，勵殺敵致果之

志，期與友軍由同甘共苦之精神，進而為同生共死之搏鬥。凡我陸、海、空軍各級將領，皆負有直接統率指揮之重責，允宜勇猛邁進、加緊訓練。務使我所屬國軍悉成精兵勁旅，負起當前神聖偉大之使命，為國前驅、百折不回，以圖迅掃英美敵氛、還我自由，進以謀東亞共榮之實現、世界和平之完成。盛衰興替，繫此一戰。共喻是旨，有厚望焉。

委員會汪兆銘印

出處：

- 〈汪委員長發表告將士書〉，《中華日報》（上海），1943年1月19日，頁1。
- 〈闡明參戰重大意義，汪委員長發告將士書〉，《京報》（南京），1943年1月19日，頁1。
- 汪精衛，〈汪委員長告將士書〉，《東亞聯盟月刊》第三卷第一期（1943年），頁2–3。
- 汪精衛，〈汪委員長告全國將士書〉，《青岡月刊》第四卷第四期（1943年），頁7–8。

怎樣建設新上海

一九四三年七月三十一日

今日是上海整個的、完全無缺的、屬於中國的紀念日子。自從上海有了租界之後，領土分裂、主權殘缺不完。今年一月九日，友邦日本與國民政府締結協定，提前交還租界、撤廢治外法權，首先將天津、漢口等處專管租界交還中國。法國也根據友誼，將天津、漢口等處專管租界交還；到了七月三十日，上海法國租界也交回了；到了今日，上海公共租界也交回了。全國以內，到了今日，再沒有百年以來國中有國的現象；而全國交通樞紐的上海，到了今日，整個的完全無缺的回到中國主權之下。同時，撤廢治外法權也由友邦日本與國民政府議定，於昨日起，付之實施。

各位知道，租界的意義，在國際法上叫做國中有國；治外法權的定義，在國際法上叫做領土之延長。每一個外國人來到中國，不受中國主權的統治，而外國主權卻跟著他進來，豈不是和外國將領土延長到了中國一樣？所以租界與治外法權存在，中國領土主權無法完整。一切政治，受了國中有國的影響，處處受到牽掣；一切經濟，也沒法和外國人作正當的競爭。因為外國人有了治外法權的保障，在中國以內儼然特權階級，中國人如何能與之競爭？數十年來，中國工商業的不振原因雖多，而此實為最大的原因。如今治外法權與租界同時消滅，中國領土主權從此完整，中國一般的經濟現象也從此得到更生的機會。

友邦日本何以如此的盡力援助中國呢？我們不只要感謝，尤其要深深了解援助的盛意。我想一般民眾若不能深切了解，不但辜負了友邦日本的盛

意，並且對於我們現在及將來的努力方向也會尋找不出。自從大東亞戰爭發生以來，國民政府鄭重聲明，決心與友邦日本同甘共苦。今年一月九日更進一步，以同生共死的決心參加大東亞戰爭。這同生共死四字不是文章詞藻、更不是外交辭令，實實在在是中國今日應有的全國一致的決心，因為大東亞戰爭是全東亞民族生死存亡的關頭。百年以來，英美勢力席捲了世界，到了東亞才碰著友邦日本一個迎頭截擊，如今已到了決勝負、爭成敗的最後一着了。我們深信大東亞戰爭是必勝的，同時深信全東亞民族團結起來是必勝的因素。日本既已立在最前綫，擔負着最大的責任，我們只有一致向前、努力到底。所謂同生共死，詳細些説，是以共死的決心求同生。同生，是東亞全民族共有的願望；共死的決心，卻是達到這願望的所必須付的代價。

同生共死的意義是如此。事變以前，中日兩國外交、軍事方針不同，這是釀成事變的大原因。如今一反其所為，中日兩國站在一條戰綫上。日本視中國為戰友，且望中國為有力的戰友。對於中國領土主權尚未完整，以力量來援助；對於中國經濟困難、民生彫敝，也以力量來援助。無非視中國為戰友，且望中國為有力的戰友。我們如果深深了解日本援助的盛意，我們只有益自奮發、益自鞭策，將自己建立起來，以不辜負友邦的期望。

戰事是破壞的，同時是建設的。就大東亞戰爭來説，破壞方面，是粉碎英美之侵略勢力，掃除英美所播殖下來的毒害；建設方面呢，事變以來，日本倡導建設東亞新秩序。所謂新秩序當然是有內容的，最近倡導東亞共榮圈之建設，則其內容更為顯著了。團結東亞民族的力量，以實現東亞的共存共榮，這是大東亞戰爭中一件最重要的工作。英美勢力是新上海建設的最大障害，現在已經廓清，此後全看我們自己的建設如何。因此我提出所希望於上海市民者三點：

第一、要建設新上海，不僅要將英美的有形勢力加以肅清，其無形勢力摧陷廓清更屬緊要。我盼望上海市民都能體認新國民運動綱要而加以實行，

這是積極的工作。實行民族主義，要從實行大亞洲主義着手；實行民權主義，要從民主集權着手；實行民生主義，要從發達國家資本着手。這些都是新國民運動綱要所明示的。在思想上有了正確的、不易的指導方針，在行為上以力行求真知，自然能夠進步不已，以底於成。新國民運動暑期集訓營第二屆在上海舉行，正是鑒於租界收回，喚起市民注意根本的改造工作。集訓的雖限於公務員和青少年，而其影響及範圍，必須普及於一般民眾。

第二、上海有五百萬市民，因為環境的關係，市民的職業主要是工商。又因為租界的緣故，所謂工商業處處受到了英美的牽掣。牽掣已久，漸漸陷於麻醉狀態了。農業在上海是次要的，上海市場的食米仰給內地，即使內地不夠供給，而大批洋米儘可源源而來，無憂匱乏。至於工商業原料方面也是如此，以棉花為例，內地棉花供給不足，大批棉花可由美洲及印度方面不斷輸入，價更廉、質更美，絕不會有原料不足的恐慌。可是自從世界戰爭及大東亞戰爭發生以來，情形一變了。因交通關係，洋米入口已經困難，洋棉更是絕迹。上海市民應該痛切感覺到內地和上海之不可分了。

還有一層，以前上海因為租界的緣故，天然成為內亂時代的避難所。所以數十年來，內地有一次兵燹，上海即增加一次繁榮，這種現象是不對的。國民大義，無所逃於天地之間；國難臨頭，只有挺身以赴，那裏有逃避之餘地。自從大東亞戰爭以後，這種現象不期而歸於消滅了。可是古人說得好，「去山中賊易，去心中賊難」，不僅環境上要消滅此現象，尤其心理上要消滅此念頭。如今整個上海都已成為內地，盼望上海市民與內地民眾甘苦一致、休戚相同。上海市民多數有工商業的經驗，這是內地民眾所仰望的。戰時經濟的第一要義在實行計劃經濟，為國家、民族全盤利益着想，尤其為戰爭勝利着想。戰時的消耗大，因之戰時的生產亦要大。應付長期戰，增加生產尤為必要。政府的責任是怎樣保障生產者，使之能繼續生產，進而增加生產；一般民眾的責任，是努力生產，以貢獻於國家、民族，使戰爭得到勝利。我盼望上海市民，以其工商業之經驗，從事於此。

　　我再申明一句，我所謂保障生產者，是因為生產者能有所貢獻於國家、民族，能得到戰爭之勝利。所以對於其安全，我是愛護的；對於其成本，我是愛護的。至少要他能再生產，並且盼他能增加生產。至於投機行為、囤積行為，那是國家、民族之蟊賊，戰爭勝利之敵人，這不但不能加以保障，並且要加以制裁的；至於暴利行為，初看似乎可以刺激生產，其實這正如是服興奮劑以求強壯一般，轉足以萎縮生產，這也不能不加以制裁的。此外還望上海市民於節約消費、勵行儲蓄，多多注意。總而言之，為個人着想時少，為國家、民族著想時多。尤其是在戰爭時代，當集中一切於協力大東亞戰爭，以求戰爭目的之完遂。

　　第三、我知道上海市民有一種悲觀，以為以前上海之重要在於交通。如今交通阻塞，則其重要性已失掉了。我以為這種悲觀是無用的，交通阻塞不過戰爭期間的暫時的現象。剛才說過，戰爭是破壞的、同時是建設的。現在大東亞共榮建設已經開始，緬甸已得到友邦日本之援助而獨立自主，菲律濱之獨立自主也將即於完成，英、美、荷屬的殖民地也有更生的氣象，日本所宣布團結東亞民族以實現共榮的政策已經逐步實現。一旦戰爭目的完遂，東自菲律濱、西至緬甸、南括英屬荷屬的殖民地，一切資源，其中尤重要的如米、如樹膠、如汽油等等，都可根據長短相補、有無相通的原則，實行物物交易。共榮的基礎，將因經濟關係之密切而日益鞏固；共榮的區域，也將因經濟關係之發達而日益繁榮。上海市民在此期間，應當本於工商業之經驗，益加黽勉，從事準備。將來上海之重要，不但不亞於從前，並且比起從前還要加幾倍重要。

　　今日是上海整個的、完全無缺的屬於中國的紀念日子，我們應該慶祝；但只慶祝是不夠的，我們應該感謝友邦日本的援助；但只感謝也不夠的，我們應該認識大東亞戰爭的重要使命、應該以全力建設新上海，並且以之為建設新中國之基點。我們要使中國成為東亞共榮圈內一個獨立自主的有力國家，我們要使上海成為這個國家的一個重要的門戶。

出處：

- 〈怎樣建設新上海〉，《中華日報》（上海），1943年8月1日，頁1。

- 汪精衞，〈怎樣建設新上海〉，《政治月刊》第六卷第三、四期（1942年），頁169–171。

互相尊重獨立自主，同心協力共存共榮

一九四三年十一月五日

中華民國代表汪兆銘氏，於大東亞會議上發表演說如次：

在世界歷史有偉大意義的大東亞會議，今日在盟邦日本的首都舉行。剛才聽到東條總理大臣閣下的演說，十分興奮。英美侵略東亞，百年以前已經開始。在這嚴重時期中，賴有日本的軍事力量，以及政治、經濟、文化各方面的力量，方始能限制住英美的侵略野心，保障東亞，不致為英美所割據。最近更發動大東亞戰爭，粉碎了英美在東亞的侵略勢力。英美在西太平洋及南洋一帶的海陸軍根據地，次第為日本海陸軍所擊破、所佔領。日本更進一步，本於東方道義精神，謀東亞諸民族國家之共存共榮，援助其獨立自主，完成其愛國的志願，使之各就本位、各盡其最大的努力，以分擔完遂大東亞戰爭、完成大東亞建設之責任。鄙人對於日本這種崇高偉大的抱負及其光輝的成績，謹致最大的敬意。同時對於夙相友好的滿、泰兩國，和新興的緬、菲兩國，及印度臨時政府，以堅定的決心、強毅的努力，來分擔大東亞戰爭及大東亞建設之責任，謹致最大的敬意。

中華民國為東亞一份子，鄙人得藉此機會，把國民政府對於大東亞戰爭完遂及大東亞建設方針之決心與努力，有所申說，實覺榮幸。

中華民國的國父孫先生，一生抱負，在使中國及東亞能打破英美侵略勢力的桎梏，完成其獨立自立。本於這抱負畢生奮鬥，至逝世之日止整整四十年。在逝世的三個多月以前，曾在日本神戶有兩次的演說：

　　一次是在民國十三年十一月廿八日，所演說的是大亞洲主義，這裏頭說明我們亞洲是最古文化的發祥地。到了最近百年來被英美侵略，才漸漸衰弱起來，幾乎沒有一個完全獨立的國家。然而衰弱到了極端的時候，忽然有了轉機，這就是日本的維新。日本的維新是日本在亞洲成為先進國的原因，同時也就是亞洲復興的基點。亞洲各國應該與先進國的日本同心協力，根據東方王道的文化，戰勝西方霸道的文化，把英美的侵略勢力驅除乾淨；以亞洲各國的團結，來完成亞洲各國的獨立自主，這樣纔能使整個亞洲由衰微而轉到復興。

　　還有一次，也是在同年某月某日所演說的，是日本應助中國廢除不平等條約。這裏頭說明中日兩國和兄弟一樣，日本從前也曾受過不平等條約的束縛，因為發奮自強，纔能將束縛掙斷，成為東方的先進國、世界的強國。中國現在也正在掙扎著廢除不平等條約，盼望日本極力援助。中國的解放，就是東亞的解放。

　　以上兩篇演說，是國父孫先生一生最後的演說。自此以後，國父孫先生便害病在牀，終於明年三月十二日在北京逝世了。當逝世的時候，將遺囑留給後死同志，要後死同志本此遺志，繼續奮鬥，以期貫徹。

　　最不幸的，國父孫先生逝世後，遺志未能實現。中日關係不但不能好轉，反而日日加壞，終於在民國廿六年七月發生事變，距離國父孫先生逝世十二年了。在這時候中日失和，英美視為最好時機，挑撥離間，惟恐中日事變之不擴大、不延長。我們同志看見國父遺志之未能實現、中日關係之日益惡化，痛心已極，幾乎墜於絕望之深淵。好在日本政府，不久便將結束事變的方針宣布出來了，說明日本之目的，不在中國之滅亡，而在中國之興隆。日本期待中國分擔建設東亞之責任，日本並決心援助中國，完成其獨立自主的願望。我們同志，聽見了日本這樣的宣布真意，知道好轉中日關係、完成國父遺志還是有希望的。所以首先便勸告重慶當局，放棄抗戰、恢復和平。及至勸告不聽，方

才不得已脫出重慶，為和平運動而奔走。終於國民政府還都南京，堂堂正正向中日提攜、復興東亞致其最大之努力。

上頭說過，英美對於中日事變挑撥離間，意在使之擴大、使之延長。自國民政府還都以後，這種手段更加緊了。英美對於重慶引誘抗戰、阻撓和平，無所不用其極。及至大東亞戰爭發生以後，英美鑒於在東亞勢力之挫折與消失，其利用重慶牽制日本之企圖更加急切，這已是世所共知的事實。然而我們敢於斷定，英美這種企圖不久定然失敗的。何以呢？重慶方面，無論將士與人民，都係以國父孫先生之遺教為依歸的。今年一月九日以來，日本對於中國提前交還租界、撤廢治外法權，尤其最近以中日同盟條約替代了中日基本關係條約，並將各種附屬文書一概廢棄。國父孫先生所提倡的大亞洲主義，已見了光明了；國父孫先生所盼望日本援助中國廢除不平等條約，已成為事實了。即使英美如何引誘、如何阻撓，終不能遏止住重慶方面的覺悟。即使一時羈絆住了，重慶方面終有一日覺悟到依存英美便是東亞的叛逆，同時便是國父孫先生的叛逆。無論將士及人民，終必有幡然來歸之一日，這是可以斷定的。

國民政府在這最關重要的時期，惟有認定向來的方針，加緊努力。一方面促成重慶將士及人民之覺悟來歸，完成統一；一方面就政治力所能到的地方，樹立一個模範。其工作約有三個重點：第一、肅正思想；第二、保障治安；第三、增加生產。所謂肅正思想，是將英美個人主義、功利主義的思想澈底清除，代之以東方道義精神。以東亞人的自覺心，恢復到東亞人的本來面目。一心一德，為東亞人的共存共榮而奮鬥。所謂保障治安，是認定中國所處是大東亞戰爭的後方，必須使治安確保，纔能使盟邦的前線將士無後顧之憂，纔能更進一步輸送軍隊於前線，稍分盟邦將士之勞苦；所謂增加生產，是使一切經濟計劃、財政計劃有了重心，增加總力決戰的力量。雖只標明增加生產，而節約消費、利用廢物的意義，也包括在裏頭。

　　以上三項，是國民政府對於協力大東亞戰爭之工作重點，同時國民政府體認到戰爭即是建設之意味。在戰爭中，本著同甘共苦、同生共死的決心，與東亞同胞結成東亞同志。外則抵禦共同的敵人英美，粉碎其侵略勢力，消滅其侵略企圖；內則以刻苦耐勞、勇猛精進之精神，與東亞同胞同心協力，擔當東亞之建設。就大東亞戰爭而論，我們所蘄求的是勝利；就大東亞建設而論，我們所蘄求的是共榮。具體說來，東亞各國必須自愛其國、互愛其鄰、共愛東亞；以中國來說，我們的口號是「復興中華，保衛東亞」，為的是中國必須得到獨立自主，纔能有分擔保衛東亞責任的能力。同時又必須東亞保衛得住，中國的獨立自主纔能得到保障。所以我們要努力把自己國家做成一個獨立自主的國家，同時要把自己國家做成東亞一個強有力的分子。

　　東亞各國家各有其本然之特質，所以要確保其獨立自主，同時還要互相尊重其獨立自主。東亞各國家又有其共同之目的，所以又要同心協力，向着共同的目的，以蘄致於共存共榮。先進國的日本已將他獨立自主的光輝照耀於世界，如今還要東亞各國都得到獨立自主，不惜加以援助，使之團結一致，向著共同目的而共同努力。我想政治上獨立自主得到之後，只要在外交上方針一致、在軍事上敵愾同仇，則共同目的必然可以達到。

　　至於文化上，先進國的日本確已做到根據自己文化、昂揚東方文化、吸收世界文化三大要點。我們實在敬服，我深信各新興國家必能奮力齊驅。而我中國更應以其全力，從事於文化之復興。文化的融洽創造是各民族間親密團結之要素，舉個例來說，印度和中國兩民族間曾經以佛教溝通其思想，而在東方文化史上放出一種異彩。

　　至於經濟上，東亞各國家本於互惠的基調，可以就長短相補、有無相通想出種種兩利的方法。舉個例來說，中國的棉花是許多鄰邦所需要的，而南洋各處的汽油、橡皮、錫等也是可以供給許多鄰邦。我們只要從互助著想，定

然可以解決一切，把英美向來所挾持的榨取政策、壟斷政策根本予以消滅，另創出一種合於人道的新天地。

　　以上所説如能做到，於東亞各國家、民族的福利有無窮無盡的增益。不惟東亞共榮得到確實保障，世界和平也必於此奠其基石。這些光明擺在前途，只待我們東亞各國家、民族手攜着手踏上前去。

　　末了，還有幾句話。中國人民在泰、緬、菲各國以及在日本佔領下的前英、荷各屬殖民地境內，總數不下七八百萬人。這些僑民，受着所在國政府的寬待，與所在國人民駢肩工作，在交通開闢上、資源啓發上出了不少的心血和汗。這些心血和汗，一點一滴的與所在國人民凝結在一起，這於東亞人民自覺是有極大的推動的。中國人民固有其缺點，但亦有其優點——和平、信實、勤勞、儉樸。與所在國人民苦樂相共、休戚相關的結果，彼此採取優點、彌補缺點，已成為不可分離的伙伴。鄙人深信經此次大東亞戰爭，必能更由鍛鍊、臻於團結。鄙人同時深信，對於大東亞共榮，必能有所貢獻。

　　回憶民國廿九年十一月卅日，中、日、滿三國共同宣言，已經在東亞大陸樹立起軸心。如今大東亞會議得到泰、緬、菲三國參加，及印度臨時政府主席列席，共榮圈的範圍更加擴大了。鄙人申說所見之後，更以至誠，祝與會諸國的國運興隆、人民福祉！

出處：

● 〈互相尊重獨立自主，同心協力共存共榮〉，《中華日報》（上海），1943年11月6日，頁1。

● 汪精衞，〈東亞各國蘄求共榮：汪兼行政院長在大東亞會議席上演詞〉，《中央導報》第四卷第十四期（1943年），頁4–5。

九：尾聲（一九四四年）

傾全力於決戰第一，完成興華保亞使命

一九四四年一月一日

主席於去年十二月十九日，在盟邦陸軍醫院施行手術、割取背彈，經過極為良好，僅當日全日休息靜養；二十日起，即分別召見各院部會長官，在榻前面授機宜，處理政治、軍事、外交大計。旬日以來，精神日見進步，傷口完全平復。一如軍醫之所預定，外科療治已如期完成，惟手術之後，血氣健康尚需內科上之調補。元旦典禮，循幹部同志之請，由溫院長[31]主持。主席特頒此談話，勗勉國人，全文如左：

　　我們今日承着中日同盟條約大東亞共同宣言之後，迎取三十三年的元旦。中日友好關係之增進，有了更光輝的途徑；大東亞各國家民族之聯繫，有了更明允的準則；大東亞戰爭決戰之勝利，有了更確實的把握；中國的獨立、東亞的解放，有了更可靠的保障。對着這前途的光明，用不着徘徊瞻顧；對於今後的前進方針和步驟，也用不着標新立異。我們祇有一本歷來的政策，向著肅正思想、保障治安、增加生產三大工作，為更進一步的努力；拿出全副精神，放在「決戰第一」上面，以謀大東亞戰爭目的之完遂、大東亞共榮建設之積極發展，由此而完成興復中華、保衛東亞的雙重使命。

---

31 溫宗堯

肅正思想

怎樣更更進一步的努力呢？先就肅正思想來說。廓清英美毒素思想、摧毀封建殘餘觀念，是現階段思想戰的兩大目的。欲達到此目的，必須由標語口號的宣傳，做到有組織、有紀律、有條理的實踐。在這一個前提之下，今年的一年，一方面應該結集思想戰上所有人力物力，展開新時代的文化運動，使文化組織更普遍而深入、文化事業更健全而向上，民意更活躍而團結、民情更激動而嚴肅。另一方面，尤其要使全國同胞，自政府官吏、軍隊以至士、農、工、商，一致勵行新國民運動的實踐工作，人人自肅自檢。

大東亞戰爭是東亞民族盛衰興廢的戰爭，也就是中國生死存亡的戰爭。所有足以妨害決戰意志之昂揚、斲喪民族精神之振奮的，必須一一摧陷而廓清之。舉例來說，貪污瀆職是腐蝕政治的惡菌、囤積居奇是荼毒民生蠹蟲、敲詐勒索是攪亂社會的禍根、頹廢放蕩是削弱種族的毒素，以及其他與此相緣而生的一切黑暗現象，都是戰時生活所不能忍、民族生存所不能容的。在今年的一年中，都要掃蕩之，不遺餘力。政府於此，應確立嚴懲貪污、獎勵廉潔的制度；民眾於此，尤應相與奮起，倡率廉潔樸素的風尚，務以政府與民眾的協力，創造政治上、社會上的新環境。必如此，方纔能建立國家民族的新生命；必如此，方纔能擔負總力決戰與復興建設的責任。

保障治安

次就保障治安來說，保障治安是軍隊的責任，同時也是民眾的責任。今年的一年，當推進原定的軍事計劃，加強軍事的力量，更進而加強民眾自衛的力量。於此尚有應明白認識的兩點：

第一、建軍的精義，要質與量同時並重，要精神教育與軍事設備、軍事技術同時並進。今後軍隊的編練，必須於此加以注意。

第二、國父常說「要使武力與民眾相結合，保障治安」云云，最重要的就是要保障民眾，使之安居樂業。尤其是保障生產民眾，使生產事業得到安全發達、生產力量得到培養擴充。軍隊能做到這一層，民眾纔應感覺到軍隊的密切關係。同時更進一步，使民眾自己這樣，軍隊纔能發揮其向上的力量與技能，以從事國防。總之，民眾是國力的基礎，也就是武力的泉源，沒有民眾不發展而軍隊能充實的。所以我們必須於加強軍事力量之中，同時加強人民的自衛力量，使這兩種力量緊緊結合，成為保障治安的一根一幹，進而成為國防的一根一幹。

增加生產

再就增加生產來說，今年的一年，應該是增產運動總動員的一年。為着動員人力物力、貢獻於大東亞戰爭，我們要增加生產；為着充裕物資、調節物價、改善民生，我們要增加生產。我們要使現有的人力物力，不要祇有消耗、沒有補充；我們要使增長出來的結果，不要淪落在少數人的身上，要為大眾、為國家、為東亞而用得其當；我們尤其要保護生產力、培養生產力、增進生產力，使能用之於再生產、用之於擴大再生產。只有這樣，「增產」兩字才有真實而可貴的意義。

目前國計民生最急切的需要，一個是衣、一個是食，所以增產工作也就應該首先從農業、輕工業着手。農業方面，食糧、棉花的增產是第一要著；輕工業方面，麥粉工業、紡織工業之改進是第一要著。就算以目前力量之所能及，説不到足衣足食，也要合政府與人民的全力，使衣食問題得到合理而可能的解決。使一般民眾，尤其是生產民眾，在刻苦耐勞的去忍受戰爭期間不可免的痛苦之中，至少把那些層層煎迫的、不必要之人為的痛苦，一步一步的解除。

政府方面，要革除濫調，拿出實際方案，沈着的去做；民眾方面，也再不要袖手旁觀、搖頭太息，而要羣策羣力、腳踏實地去做。過剩的游資，應

該用之於增產；不事生產的人力，應該用之於增產；業餘的時間，應該用之於增產；過份的享受、無謂的消耗，應該盡量節約，用之於增產；日常用品以及農工商各業剩餘的廢物，也應該收集起來，用之於增產。所以增產運動與儲備運動、節約運動以及廢物利用運動，有不可偏廢的關係，必須同時並舉。不儲蓄、不節約，則增產所需的財力物力，無從結集；而增產所得來的結果，也只有白白消耗。不能用之於再生產、不知道廢物利用，則在原料缺乏之今日，侈言增產，也是徒然。

　　以上很簡單的，把今年要做的工作重點寫出來，盼望全國同胞知行一致，一步步的做到。

出處：

- 〈傾全力於決戰第一、完成興華保亞使命〉，《中華日報》（上海），1944年1月1日，頁1。
- 〈一本歷來的政策，為更進一步努力〉，《新聞報》（上海），1944年1月1日，頁2。

最後之心情

一九四四年十月

一九六四年二月，香港發現疑為汪精衛的國事遺書，其真偽至今未有定論，何孟恆認為此文作為史料參考也有一定價值。本文據金雄白《汪政權的開場與收場》一書謄錄，括號內文字為該書編輯補充，今一併收錄。文末附錄說明「遺囑」的發現及真偽的辯論。[32]

兆銘來日療醫，已逾八月。連日發熱甚劇，六二之齡，或有不測。念銘一生隨國父奔走革命，不遑寧處。晚年目睹鉅變，自謂操危慮深。今國事演變不可知，東亞局勢亦難逆睹，口授此文，並由冰如（汪夫人陳璧君字）謄正，交ＸＸ妥為保存。於國事適當時間，或至銘歿後二十年發表。

中華民國三十三年十月Ｘ日　兆銘

兆銘於民國二十七年離渝，迄今六載。當時國際情形，今已大變。我由孤立無援，而與英、美結為同一陣線，中國前途忽有一線曙光，此兆銘數年來所切望而慮其不能實現者。回憶民國二十七年時，歐戰局勢，一蹶千里。遠東成日本獨霸之局，各國袖手，以陳舊飛機助我者唯一蘇俄。推求其故，無非欲我苦撐糜爛到底，外以解其東方日本之威脅、陰以弱我國本。為蘇計，實計之得；為中國計，詎能供人犧牲至此，而不自圖保存保全之道？捨忍痛言和莫若！

---

32 由本書編輯所書

　　然自西安事變以還，日本侵逼，有加無已。一般輿論，對日已成一片戰聲。渝府焦心積慮，亦惟以不變應萬變，以謀國府基礎之安全。兆銘之脫渝主和、與虎謀皮，必須截然與渝相反，始能獲得日人之稍加考慮。又必須本黨之中，各方面皆有一、二代表人物，而後日人始信吾人有謀和可能，而為淪陷區中人民獲得若干生存條件之保障。即將來戰事戡平，兆銘等負責將陷區交還政府，亦當勝於日人直接卵翼之組織或維持會之倫。兆銘行險僥倖，或不為一時一地之國人所諒，然當時之念國際演變，已至千鈞一髮局面。此時不自謀，將來必有更艱險、更不忍見內外夾攻之局勢發生，馴至雖欲自為之謀而不可得。兆銘既負國事責任，不在妄冀其不可能而輕棄其或有可能之途徑。

　　年來昭告國人者，曰「說老實話，負責任」。說老實話，則今日中國由於寇入愈深、經濟瀕破產，仍為國父所云次殖民地位。而戰事蔓延，生民煎熬痛苦，亦瀕於無可忍受之一境。侈言自大自強，徒可勵民氣於一時，不能救戰事擴大未來慘痛之遭遇。如儘早能作結束，我或能苟全於世界變局之外，多樹與國、暫謀小康；只要國人認識現狀、風氣改變，凡事實事求是、切忌虛憍，日本亦不能便亡中國。三、五十年，吾國仍有翻身之一日也。

　　負責任，則兆銘自民國二十一年就任行政院長，十餘年來，固未嘗不以跳火坑自矢。個人與同志屢遭誣衊，（唐）有壬、（曾）仲鳴、（沈）次高被戕者數數。今春東來就醫，即因民廿四之一彈。個人生死，早已置度外。瞻望前途，今日中國之情形，固猶勝於戊戌瓜分之局，亦仍勝於袁氏二十一條之厄。清末不亡，袁氏時亦不亡，今日亦必不亡，兆銘即死，亦何所憾！

　　國父於民國六年歐戰之際，著《中國存亡問題》，以為中國未來當於中、日、美三國之聯盟求出路。蓋以日人偏狹而重意氣，然國父革命，實有賴於當年日本之若干志士。苟其秉國鈞者能有遠大眼光，知兩國輔車相依之利，對我國之建設加以諒解，東亞前途尚有可為。美國對中國夙無領土野心，七十年來中國人民對之向無積憤，可引以為經濟開發、振興實業之大助。今日兆銘

遙瞻局勢，東亞戰爭日本必敗，其敗亦即敗於美之海空兩權。日本如能早覺悟及此，以中國為日美謀和之橋樑，歸還中國東北四省之領土主權，則中國當能為之勉籌化干戈為玉帛之良圖。國父之遠大主張，便能一旦實現。

今兆銘六年以來，僅能與日人談國父之大亞洲主義，尚不能談民初國父之主張。即因日本軍人氣燄高張，而不知亡國斷種之可於俄頃者也。

兆銘竊有慮者，中國目前因中美之聯合，固可站穩。然戰至最後，日軍人橫決之思想，必使我國土糜爛、廬舍盡墟。我仍陷甲辰、乙巳日俄戰爭之局面，絲毫無補實際。日本則敗降之辱，勢不能忍，則其極右勢力與極左勢力勢必相激盪而傾於反美之一念，則三十年後遠東局勢，仍大有可慮者也。

兆銘於民主政治，夙具熱忱。民十九擴大會議之後，曾通過憲法。當時張季鸞先生曾草文論之，言政局失敗而憲法成功，余曾告冰如此為雪中送炭。又憶南華日報在香港創立時，欲對民權主義多作鼓吹，而苦無註冊之保証金。賴當時英國閣揆麥唐弩氏遠電當局云「汪先生夙倡民主，可免其報繳費」，心常感之。

四年前國府還都（按指汪政權之創建），不過苦撐局面。為對日交涉計，萬不得已而為之。故仍遙戴林主席[33]，銘尸其位而遍邀南北。一時地望與民國以來時局之推移有關係者，參與其事。民主之基，庶幾有乎。然年來以對日主張，不無遭英美不明實情者之猜忌。東亞戰爭爆發後兩年，日本已遭不利，陷區更痛苦彌深，而國府（按指汪政權而言）突對外宣戰，豈不貽笑外邦？

不知強弱懸殊之國，萬無同盟可能。有之，則強以我為餌而悍然行者。實政府在淪陷區內，假以與日本爭主權、爭物資之一種權宜手段，對英美實無一兵一矢之加。惟對解除不平等條約與收回租界等事宜，得以因勢利

---

33 林森

導者，率得行之，此實銘引為快慰之事。上海租界自太平軍與曾李相持時，已為藏垢納污之區。八十年來，以條約束縛，政府苦難措手。今日不惟日本，即英法亦宣言交還。大戰之後，租界終入國府範圍，固不當因日本之成敗而變易也。

對日交涉，銘嘗稱之為與虎謀皮。然仍以為不能不忍痛交涉者，厥有兩方面可得而述：

其一、國府目前所在之地區，為淪陷區；其所代表者，為淪陷區之人民；其所交涉之對象，為陷區中鐵蹄蹂躪之敵人。銘交涉有得，無傷於渝方之規復；交涉無成，仍可延緩敵人之進攻。故三十年有句云「不望為釜望為薪」者，實為此意。所以不惜艱危，欲乘其一罅者。

其二、民國二十一年淞滬協定時，銘始與對日之役。其後兩任行政院，深知日方對華並無整個政策，而我之對日仍有全國立場。

日本自維新以後，號稱民主，而天皇制度之下，軍人有帷幄上奏之權。自清末兩次得利，固已睥睨於一時；民初對我大肆橫迫，至華府會議始解其厄，固已礙於英美之集體壓迫，早欲乘釁而動矣；九一八初起當時，粵方派陳友仁渡日與幣原外相磋商，稍有成果。而寧方同志寄望於國聯，斥為賣國；及淞滬、長城諸役衂敗後，累次交涉，見日本政出多門，而軍人勢力膨脹。海陸之傾軋、議會制度之破產、軍閥野心之無已境，其前途為失韁野馬，彼國之有識者早引為隱憂。

兆銘離渝與之言和，固已知其交涉之對象，為日本政府無力控制之軍人、為淪陷區當地之駐軍、為仰軍人之鼻息之外交使節、為跋扈日張之校佐特務，而非其國內一二明大體、識大勢之重臣。然以兆銘在國府之關係與乙巳以來追隨國父四十年之地位，對方即欲探知政府真意，用以為謀我、滅我之資，亦不得不以之為交涉之對象，而尊重其地位，其情形或差勝於南北之舊官僚（著者按：自係指維新、臨時兩政府之人而言），兆銘即可於此時覘其國而窺

其向。況彼雖政出多門，亦尚有一二老成持重之人。對彼元老重臣，銘固未嘗不以東亞大局危機為憂，以國父「無日本即無中國；無中國亦無日本」之言為戒。即彼跋扈自大、無可理喻者，亦必就我各級機關於盡情交涉中，使得稍戢其凶燄，以待其敝。

又日軍閥氣燄雖盛，進退時見逡巡，海陸軍之交誶，時或露其真相於我。然其表現上之尊重天皇與服從命令，仍數十年來並無二致。是目無東京，而仍有東京；目無中國，而仍不能將中國人之地位完全抹煞。彼樞府既以和平及新政策標榜，駐屯軍亦不能故違，只能拖延圖利。是國府交涉之對象，非其謀國之臣而為重利之酋，銘仍不至於一着全輸而無以自立。即我或無法延拖改變其初衷，在淪陷區範圍，彼既承認我政府為盟邦、為復興東亞之伙伴，即不能全不顧我民生需要與政府體制，仍可為民生留一線之機。此實國難嚴重、非常時期不得已之手段，此兆銘為國之切、謀一己犧牲之拙策，屢為二三同志言之者。

蓋中國為弱國，無蹙地千里而可以日形強大之理。蔣為軍人，守土有責，無高唱議和之理。其他利抗戰之局而坐大觀成敗者，亦必於蔣言和之後造為謠諑，以促使國府之解組混亂、國將不國。非銘脫離渝方，不能無礙於渝局；非深入陷區，無以保存其因戰爭失陷之大部土地。既入陷區，則必外與日人交涉，而內與舊軍閥政客及敵人羽翼下之各政權交涉。即國府過去所打倒者如吳ＸＸ（佩孚）、所斥如安福餘孽ＸＸＸ輩（似指梁鴻志等）、以及日人特殊之鷹犬、東北亡國十餘年之叛將，銘亦必盡量假以詞色，以期對日交涉之無梗。銘蓋自毀其人格，置四十年來為國事奮鬥之歷史於不顧，亦以此為歷史所未有之非常時期，計非出此險局危策，不足以延國脈於一線。幸而有一隙可乘，而國土重光，輯撫流亡，艱難餘生，有識者亦必以兆銘之腐心為可哀，尚暇責銘自謀之不當乎？

　　是以銘之主張，其基本之見解為「日本必不能亡中國」。日本本身之矛盾重重，必不致放棄對國府（汪政權）之利用；及知其不能利用，我已得喘息之機。而中國局面之收拾，則誠為不易。戰後大難，更有甚戰爭之破壞，必有待於日軍之和平撤退而後，政府陸續規復，始得保存元氣。民國二十六年廬山會議時，銘已懷此隱憂。時至今日，而此種跡象，蓋益顯著。苟國人能稍抑其虛憍自滿之心，實事求是，日本能憬然於侵略之無所得。戰局之逆轉、化戾氣為祥和亦為一念，端在其局勢之最後如何發展耳。

　　民國三十一年，日本改造社社長山本實彥入京，事後語人云「汪先生無情報」。蓋其時日方之敗局未顯，而戰事已見膠著。山本嘗週行南洋、緬甸各佔領區，故作此危語也。然山本此語，余實得聞之。銘離渝六載，在東亞戰事爆發以前，期直接交涉之順利，除公開電報外，未嘗與渝方通訊。於日本以外其他國家，雖有互派使節者，未嘗以之為交涉對象。蓋以日本軍人氣量狹隘、又多疑忌，國府所居地位為變局，其目的為專辦對日本一國之交涉，乃至日駐軍之下一地方之交涉，實不必多事捭闔、啓彼機心。然銘等之真心主張及交涉之曲折，殊未隱瞞，各國使領亦有進言於我者。銘雖赤手空拳，在此東南諸省範圍內，凡能為國家自主留一線氣脈者，亦無不毅然不顧一切之阻礙，主張之、竟行之！蓋以此為我內政範圍，外人不應干涉。

　　今於此，亦可為渝方同志稍述一二，俾互知其甘苦者。一為恢復黨之組織與國父遺教之公開講授；一為中央軍校之校訓，以及銘屢次在軍校及中央幹部學校之演講；一為教科書決不奴化，課內岳武穆、文文山之文，照常誦讀。凡銘之講詞以及口號文字，皆曾再三斟酌。如近年言「復興中華，保衛東亞」乃清末同盟會「驅除韃虜，復興中華」之餘音；「同生共死」為事變前某文中之成句；至於條約交涉各端，更可謂殫心竭慮，實已盡其檢討對策之能事。且「戰爭結束，日軍議和撤退」此項條約，終成廢紙，固無礙於國家之復興。

　　目前所疚心者，東北與內蒙之問題，迄未得合理之解決方策耳。然關於東北、內蒙，本月與小磯言，同意有改變之餘地。如銘不幸病歿，抱憾以終者，未能生見九一八事件之起因東北之收復耳。然在九一八以前，東北地方政府與日本懸案積有百餘件，懸而未決，地方、中央互相諉責，大禍終啓。今銘在寧六年，明知日方將敗，而仍繼續以之為對象磋商者，則以國事雖有轉機，尚在逆水行舟。而日本在此時，為事變十三年來惟一有憬悟與誠意收拾時局之一時期。中國如謀振奮自強而又一切求之主動者，理當爭取此千載一時之機會，俾其從容退兵，收其實利。一隙之乘，肇端於此。回憶三年前山本之言，蓋亦謂燭見機先，不可以為敵方之新聞界人士而忽視其意也。

　　華北五省局面，殊形複雜，一年來稍有變動，尚未受中央（指汪政權）之直接控制。然日既已放鬆，我當緊力準備，俾將來國土完整，無意外變化發生。銘於十三年前奉國父命，先入北京；其後擴大會議，偕公博入晉；前年赴東北，頗知北方形勢，應得一與政府及黨關系密切之人主持之。政府（汪政權）應推公博以代主席名義常駐華北，而以京、滬地區交佛海負責。在一年內實現重點駐軍計劃，俾渝方將來得作接防準備。此意當由冰如商公博，以銘名義向中政會提出。

　　中國自乙未革命失敗，迄今五十年；抗戰軍興，亦已七載。不論國家前途演變如何，我同志當知黨必統一、國不可分之主張，不可逞私、煽動分裂。其在軍人天職，抗戰為生存；求和尤應有國家觀念，不得擁兵自重，騎牆觀變。對於日本，將來亦當使其明瞭中國抵抗，出於被侵略自衛，並無征服者之心；對於渝方，當使其了解和運發生，演化至今，亦仍不失其自信與自重。將來戰後兩國能否有自動提攜、互利互賴，仍有賴於日本民族之澈底覺悟，及我政府對日之寬大政策。兆銘最後之主張及最後之心情，期與吾黨各同志及全國同胞，為共同之認識與共勉者也。

∽

出處:

● 金雄白,《汪政權的開場與收場》（香港：春秋雜誌社,1964年）,頁155–164。

汪精衛「遺囑」的發現與真偽的辯論

據《汪政權的開場與收場》作者金雄白說，他於一九六四年二月八日在香港收到了一封匿名掛號信，內含「一疊四張牛皮紙複寫的蠅頭小楷，一張榮寶齋信紙上汪氏寫的〈最後之心情〉兆銘」（同年二月十六日於《春秋》雜誌刊登）。信中附有紙條，託他將文件轉交汪氏長媳譚文素。

金雄白推斷，這份文獻為汪精衛的「國事遺書」：「因此，當我獲得這一份文件之後，我最初就感到了極大的懷疑，尤其供給我這份文件資料的某先生，又未透露其來源。然而汪先生作為對國事遺書的這篇〈最後之心情〉的封簽，的確是他的親筆，文筆與語調，也不是他人所能模仿，原稿紙張的陳舊，顯然也已經過了有二十年之久。全文那樣長，有誰願意來偽造呢？偽造了對某先生會有什麼作用？當我把全文一再迴環雒誦之後，覺得這是別人無法寫出汪氏過去了的許多事實、別人也萬難體味出汪先生深藏的心境、別人也不可能說出汪氏要說的話，我相信這份文件應該是真的。」

據金雄白說，關於〈最後之心情〉，汪家後人各有看法。汪氏長子文嬰覺得該文有不符合父親性格之處。而「汪氏之長女公子也說：『假如這份遺書是出於某些人偽造的話，不論文筆與內容，都到了無瑕可擊的地步。』」（出自一九七一年版《汪政權的開場與收場》第六冊，頁六、七，但該書一九六四年版與《春秋》雜誌均未引用這句話。）金氏又說，汪氏長婿「何孟恆亦認同，這封信的字跡、筆調與內容不疑有偽」。但迄今為止，上述刊物並未展示出任何原版手稿的相片，而原稿至今下落如何，也不得而知。

汪精衛紀念託管會負責人於二〇〇九年請教何孟恆時，何孟恆也做出了自己的判斷：其一，汪精衛在日本養病期間，不知汪氏曾寫過遺書，且考慮到汪氏當時病況，身體每況愈下，不見得寫得出如此長文。其二，當時何孟恆時刻在汪精衛病榻前，並未見陳璧君紀錄汪氏口述遺囑。其三，何氏認為〈最後之心情〉可能為陳璧君與龍榆生所寫，因為他認為該文是龍榆生的字跡。（出自一九七一年版《汪政權的開場與收場》第六冊，頁三。）何孟恆還回憶，陳璧君在汪精衛病危前，認為汪氏唯一該做的事情是養病，「國家大事這個責任，應當讓別人負責」，並勸阻他不必「管事，或留話，或留遺囑。」這也使這份遺書的出現有些可疑。

汪精衛於一九三九年致信方君璧時（見《汪精衛生平與理念》書信）表示，他於中央黨部受傷後，曾親書遺囑，今亦未見。

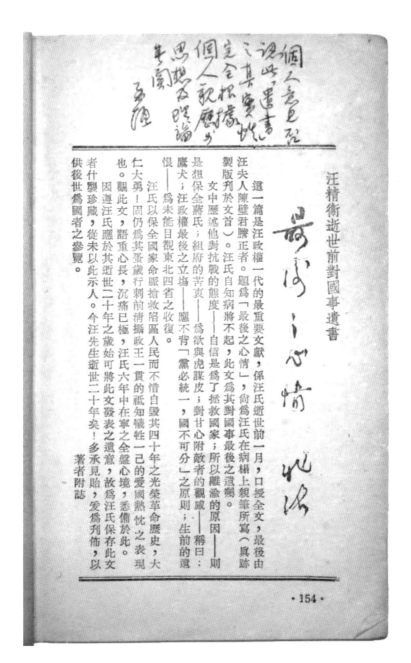

汪精衛逝世前對國事遺書

最後之心情　汪兆銘

這一篇是汪政權一代的最重要文獻，係汪氏逝世前一月，口授全文，最後由汪夫人陳璧君謄正者。題為「最後之心情」，尚為汪氏在病榻上親筆所寫（真跡製版刊於文首）。汪氏自知病將不起，此文為其對國事最後之遺囑。

文中歷述他對抗戰的態度——自信是為了拯救國家；所以離渝的原因——則是想保全蔣氏，組府的苦衷——為欲與虎謀皮，對甘心附敵者的觀感——稍曰：則生前的遺恨——為未能目覩東北四省之收復。

汪氏以保全國家命脈搶救陷區人民而不惜自毀其四十年之光榮革命歷史，大仁大勇！固仍為其盍簪行刺前溥搏歐王一貫的祇知犧牲一己的愛國熱忱之表現也。觀此文，語重心長，沉痛已極，汪氏六年中在寧之環境，悉備於此。

因遵汪氏應於其逝世二十年之歲始可將此文發表之遺意，故為汪氏保存此文者什襲珍藏，從未以此示人。今汪先生逝世二十年矣！多承見貽，爰為刊佈，以供後世為國者之參覽。

著者附誌

·154·

何孟恆在一九六四年出版的《汪政權的開場與收場》上寫有批註。

以下書目為汪精衛曾出版的著述、彙編或叢書，
涵蓋他諸多政治文章、演講、書信及電報，
至於詩詞著作請參閱本系列《汪精衛詩詞彙編》。

汪精衛攝於一九三六年十月間

書目表

此處只羅列汪精衛政論文章出版專書

- 《汪精衛先生最近演說》（法國：都爾中華印字局，一九一九年）

- 《中國國民黨史概論》（廣州：中國國民黨陸軍軍官學校政治部，一九二五年）

- 《汪精衛先生演說集》（上海：中國印書館，一九二五年）

- 《巴黎和議後之世界與中國》（上海：民智書局，一九二六年）

- 《汪精衛演說集》（上海：中國印書館，一九二六年）

- 《汪精衛演講錄》（上海：中國印書館，一九二六年）

- 《中國國民黨講演集》（上海：中山書店，一九二七年）

- 《汪精衛先生文選初集》（廣州：民智書局，一九二七年）

- 《汪精衛先生演說詞》（漢口：中央日報，一九二七年）

- 《國民會議國際問題草案》（北京：北京國際問題研究會，一九二七年）

- 《汪精衛先生去國後之言論》（天津：中國國民黨河北省黨務指導委員會宣傳部，一九二九年）

- 《汪精衛全集》（全四冊）（上海：三民公司，一九二九年）

- 《汪精衛集》（全四集）（上海：光明書局，一九二九年）

- 《黨國要人汪精衛最近言論集》（上海：大東書局，一九二九年）

- 《汪精衛先生致各黨部各同志書》（香港：南華日報編輯部，一九三〇年）

- 《最近約法論叢》（香港：南華日報編輯部，一九三〇年）

- 《汪精衛先生最近言論集》增訂本（香港：南華日報編輯部，一九三一年）

- 《復興中國國民黨》（廣州：中國國民黨中央執監委員非常會議，一九三一年）

- 《汪精衛言行錄》（上海：廣益書局，一九三三年）

- 《汪精衛文存》（上海：啓智書局，一九三五年）

- 《汪精衛文選》（上海：仿古書店，一九三六年）

- 《汪精衛先生最近言論集上下編》（上海：中華日報館，一九三七年）

- 《汪精衛先生最近之言論》（上海：中華日報館，一九三七年）

- 《汪精衛先生抗戰言論集》（漢口：獨立出版社，一九三八年）

- 《汪精衛先生最近言論集續編》（香港：南華日報社，一九三八年）

- 《抗戰與建國：汪精衛先生最近演講》（香港：南華日報社，一九三八年）

- 《汪兆銘全集》（東京：東亞公論社，一九三九年）

- 《汪兆銘言論集》（東京：三省堂，一九三九年）

- 《汪精衛先生重要建議》（香港：南華日報社，一九三九年）

- 《舉一個例：汪先生最近重要論文》（上海：中華日報館，一九三九年）

- 《汪主席和平建國言論集》（南京：國民政府宣傳部，一九四〇年）

- 《主席訪日言論集》（南京：國民政府宣傳部，一九四一年）

- 《汪主席和平建國言論集續集》（南京：國民政府宣傳部，一九四二年）

- 《汪精衛先生行實錄》（東莞：拜袁堂，一九四三年）

- 《陸海軍人訓條淺釋》（出版社未明，一九四三年）

- 《汪精衛文選》（台北：古楓出版社重印，一九八六年）

- 《汪精衛先生最近演說集》（香港：南華日報編輯部，出版日期缺）

- 《汪精衛先生的文集》（上海：中山書店，出版日期缺）

鳴謝

---◆---

本書內容橫跨二十世紀首四十多年，其出版取決於多人的努力。首先，感謝許育銘教授為《汪精衛政治論述》賜序，使本書增色不少。要從汪精衛為數眾多的作品中輯錄成冊，是一項艱鉅任務，得益於方君璧贈送何孟恆十五冊的汪精衛文集，讓父親能以此為根基，挑選出其認為最能代表汪氏一生的一百二十一篇文章，也為我們書籍出版工作鋪上了一條平坦的道路，僅此向二人貢獻致上無窮謝意。

感謝我們編輯團隊的努力，使諸多文章可以結集成書：李耀章撰編輯前言；李瀟逸、蔡旻遠、郭鶴立、劉名晞搜羅書籍資料；王克文與許育銘教授多次解惑，並分享收藏；蘇維初教授協助搜掘資料；朱安培轉錄大部份文章文字；高凌華、郭鶴立、方通力（Tom Fischer）、蒙憲、李雲彩、許豪珊校閱諸篇文章。感謝八荒製作團隊設計是次版面，並負責排版，也感謝廖品淳於製作上提供協助。

最後，此匯校本實有賴朱安培與李耀章莫大之付出，他們搜掘諸多一手資料，以此校勘、訂正各版文字，更重新審訂全書標點斷句，務求以最低限度的編輯，大大促進本書可讀性，此點尤其有益於現今讀者。感謝他們為本會宗旨「透過汪精衛自己的話，更完整了解汪精衛」所作之貢獻。

雖然本書僅代表汪精衛一部份著作，但卻能為了解汪氏的政治生涯，提供一個清晰的線索。

何重嘉
汪精衛紀念託管會